Todos os Casos & Causos aqui relatados são fatos acontecidos na realidade. São realidades que ocorrem no dia-a-dia de um médico. Tanto os Casos como os Causos têm zero de ficção. (Apesar de alguns não parecerem, tenho que reconhecer).

Casos & Causos

acontecidos

No Tempo das Diligências

Oswaldo di Loreto

AllBooks

© 2009 All Books
É proibida a reprodução total ou parcial desta publicação, para qualquer finalidade, sem autorização por escrito dos editores.

1ª edição
2009

Editores
Ingo Bernd Güntert e Jerome Vonk

Assistente Editorial
Aparecida Ferraz da Silva

Produção Gráfica
Ana Karina Rodrigues Caetano

Editoração Eletrônica
Vicente Nogueira

Capa
Vicente Nogueira

Ilustração Capa
The Old Stage – Coach of the Plains, 1901 de Frederic Remington

Revisão
Christiane Gradvohl Colas e Jerome Vonk

Dados Internacionais de Catalogação na Publicação (CIP)
(Câmara Brasileira do Livro, SP, Brasil)

Loreto, Oswaldo di
  Casos & Causos acontecidos no tempo das diligências/ Oswaldo di Loreto — São Paulo: All Books®, 2009.
Bibliografia.
ISBN 978-85-99893-22-7

1. Crônicas 2. Psicanálise 3. Psicologia 4. Reflexões I. Título.

09-02881   CDD-616.8917
                                            NLM-WM 460

Índices para catálogo sistemático:
1. Crônicas: Psicanalistas escritores   616.8917

Impresso no Brasil / *Printed in Brazil*

Reservados todos os direitos de publicação em língua portuguesa à

ALL BOOKS, LIVRARIA E EDITORA LTDA.®
Rua Simão Álvares, 1020 • Vila Madalena   05417-020
São Paulo/SP   Brasil
Tel.: (11) 3034-3600   www.casadopsicologo.com.br

RECADO AOS LEITORES JOVENS
(em feitio de confidência)

São sempre os jovens que me perguntam:
– *"O que você quer dizer com* No Tempo das Diligências?"

Que posso responder, sem demasiada petulância?
Digo
Que são passados heróicos.
Que são passados lembrados como se tivessem sido.
Que é o impossível um pouco realizado, muito relatado.
Muito relatado porque está inscrito no DNA da espécie: os de muito-passado necessitam dar testemunho aos de muito-futuro.

São tarefas árduas, em condições duras, realizadas com pequenos recursos. Poucas ferramentas, quase sempre tiradas do improviso. Na verdade, uma única: as próprias mãos. Também significa – de leve – muita mão-de-obra, muita 'massa-na-mão', e pouca consideração teórico-metodológica.

Há dois modos, meus jovens, de vocês viverem e reviverem *O Tempo das Diligências*. Ambos eficientes.

Primeiro: vá a uma grande locadora e leve para casa uma montanha de filmes de John Wayne. Passe três meses sacolejando naquelas carroças – as diligências – pouco elegantes, mas, já repararam?, simbolicamente indestrutíveis. Serão somente 5.000 quilômetros até o *far west*. Quando acabar a água, não desespere. John Wayne conhece uma cacimba que custará somente 1.000 quilômetros de sede. Com os índios, não se assuste demais. John Wayne dará um trato neles. Talvez. Agora, só faltam 3.000 quilômetros de desertos. Esse é o caminho histórico-concreto para "O Tempo das Diligências".

O segundo, o atual, é menos heróico. Mas, em compensação, você conhecerá ainda melhor o que é viver "O Tempo das Diligências". Sem John Wayne. Trabalhe 50 anos num Serviço Público de atendimento psiquiátrico. Todos os ingredientes que compõem "O Tempo das Diligências", lá estarão te esperando. E, ao fim dos 50 anos, você cumprirá – como eu – a ordem inscrita no DNA.

No entanto, meu jovem, devo confidenciar. Honestamente. Neste segundo modo, há uma desvantagem séria em relação ao primeiro:

Raramente chega a Cavalaria!

Oswaldo di Loreto

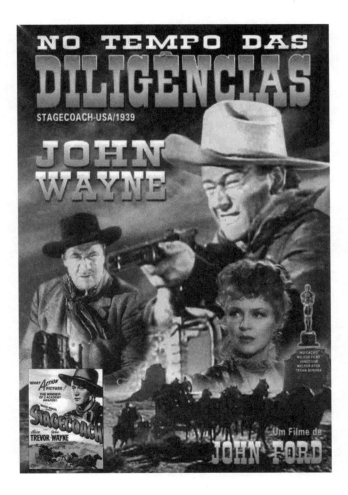

PREFÁCIO

Nilde J. Parada Franch

Sem intenção de ensinar, Di Loreto está, também neste livro de contos, transmitindo sua experiência pessoal e profissional, generosamente compartilhada conosco, leitores. Generosidade, humor, inteligência, competência e respeito pelo Outro são características sobejamente conhecidas daqueles que tiveram e têm o privilégio de conviver com ele.

Sua criatividade já ficara evidenciada, especialmente em seu segundo livro, *Posições Tardias*, que contém idéias originais à espera de discussões mais amplas nos círculos psicanalíticos.

Em *Diligências*, seu estilo e seu linguajar saboroso abrem o apetite do leitor para um infindável "Quero mais".

Em sua narrativa, Di Loreto vai fazendo desfilar à nossa frente personagens que nos fazem rir, que nos emocionam, que despertam sentimentos de admiração, de desprezo; é a vida passando diante de nós, que ele, nessa já não tão nova profissão de 'escrevinhador' consegue nos oferecer.

Penso que posso falar em meu nome, mas também no de centenas de colegas psis (psiquiatras, psicólogos, psicanalistas), a quem você, Di Loreto, contribuiu decisivamente para a formação profissional, e deixar aqui nosso reconhecimento, nossa gratidão e a sensação reconfortante de "que bom que você existe!".

Índice das Estalagens

Recado aos Leitores Jovens (em feitio de
confidência)...7

Prefácio...11

1a. Estalagem
Que Mão-de-Obra!.................................... 17

2a. Estalagem
Autistas e Parisienses.............................23

3a. Estalagem
Delírio e Realidade 31

4a. Estalagem
De quando - e como - quase quase, fiquei famoso... 39

5a. Estalagem
Um alerta aos terapeutas que têm filhos pequenos
(ou netos idem)....................................... 47

6a. Estalagem
Prognósticos.. 55

7a. Estalagem
Aprendendo psicologia com a vida cotidiana 67

8a. Estalagem
Com semântica também se faz revolução...............79

9a. Estalagem
Ah! Esta falsa cultura.................................91

10a. Estalagem
Homens inteligentes; Escolhas insensatas 97

11a. Estalagem
Terror com Nome....................................107

12a. Estalagem
Relato de um Caso de Regressão Aguda e de seu
Incrível Desfecho..113

12a. Estalagem (Conclusão)
O "Incrível Desfecho" do Incrível Desfecho
(Conclusão do Caso de Regressão Aguda)...........131

13a. Estalagem
Vejam como meu pai enxergava longe...................139

14a. Estalagem
As "Puramente Didáticas"....................................149

15a. Estalagem
Só Freud Explica..163

16a. Estalagem
O Vestibular no Tempo das Diligências..................169

17a. Estalagem
Sem Saída 181

18a. Estalagem
Meu Irmão..195

19a. Estalagem
PHEBO & Cia. ou Insights e Disights....................201

20a. Estalagem
A Patologia da Vida Psi Cotidiana........................219

Última Confidência...275

No Tempo das Diligências (I)

1ª estalagem

QUE MÃO-DE-OBRA!

1996

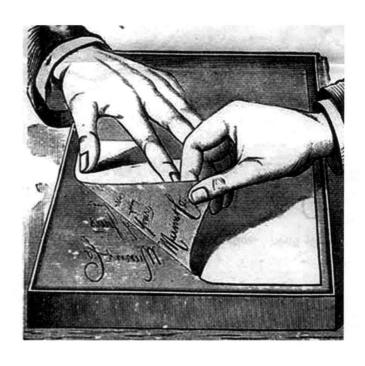

OS LEITORES JOVENS SABEM como se faziam cópias de um texto 60 e tantos anos atrás? Antes das maravilhosas Xerox. Antes mesmo do mimeógrafo.

Não?

Assim:

Ia-se para cozinha – atenção: para a cozinha!, não para o escritório – e levava-se ao fogo uma panela contendo mingau de gelatina endurecido com cola de sapateiro. Punha-se a ferver até que o mingau estivesse "no ponto", homogêneo, sem grumos. Deixava-se esfriar numa travessa de vidro que tivesse as dimensões de uma folha de papel sulfite. Dois ou três centímetros de profundidade eram suficientes. Quando frio, o mingau ficava com consistência de geléia bem dura, e a superfície levemente grudenta. Pressionando com o dedo, ele, o dedo, deveria ficar um pouco preso à superfície, e deixar impressão digital.

Este era o segredo: produzir uma superfície lisa, firme e "grudenta".

Em paralelo, batia-se numa máquina de escrever leve, uma Olivetti por exemplo, ***direto no papel carbono*** – repito, *direto no carbono* – o texto que se desejava reproduzir.

(Recomendo aos jovens leitores, os jovens curiosos que queiram, hoje, saborear deste "mergulho regressivo", a seguinte atenção: não ousem bater pessoalmente no frágil carbono. Peçam a uma misericordiosa secretária profissional para se encarregar disto. O leitor, mão pesada, acabará por fazer uma cópia em braile).

Agora vinha a parte realmente trabalhosa: estender e pressionar levemente – sem rugas! – *o carbono* na superfície grudenta. O texto escrito no carbono "passava" para a superfície lisa, firme e grudenta. A essa etapa chamava-se *"fazer a matriz"*.

Feita a matriz, podiam-se fazer as cópias: era só estender sobre ela, matriz, sucessivamente, quantas folhas de papel sulfite se desejasse. As frases capturadas pela geléia dura e grudenta transferiam-se para as folhas de papel sulfite.

(Os leitores podem ver a delicadeza dessa parte da mão-de-obra, na ilustração que acompanha a Diligência).

Cada travessa permitia fazer umas quinze cópias. Depois, as frases "afundavam" na geléia.

(Lembrem-se os leitores jovens: é necessário fazer uma travessa da geléia para cada página do texto a ser copiado. Uma página, uma travessa. Dava "um pouquinho" de trabalho).

O mingau grudento era conhecido por nomes diversos. No meu grupo de trabalho chamava-se *jererê*.

Tornei-me um hábil fazedor de jererês. Com a chegada das Xerox perdi a mão, mas, quem sabe? Talvez, fazer jererê seja como andar de bicicleta.

Em vários hospitais em que trabalhei, no escritório onde hoje se localizam os computadores, as pilhas de impressos e os disquetes, havia a sala de depósito dos jererês. Em tudo semelhante às adegas dos vinhos Beaujolais, pois lá estavam os jererês de antigas safras, e o jererê *"nouveau"*. Os jererês das velhas safras se reconheciam, como os vinhos, por uma "borra" depositada no fundo, ou flutuando a meio-caminho entre o fundo e a superfície. Porém, a "borra" dos jererês antigos tinha composição nobre: era constituída de letras, de palavras e de restos de frases "afundadas". Restos que nós, os médicos dos hospitais, transformávamos num jogo e usávamos para fazer apostas.

Os leitores conseguem alucinar a cena? Marmanjos nível universitário, na maior algazarra, apostando quem lia mais palavras ainda conservadas na "borra". Uma palavra, dez pontos. Uma rara frase inteira, cem pontos.

Chamava-se *"jogar jererê"*.

Leitor amigo: – *vamos jogar uma partida de jererê?*

No Tempo das Diligências (II)

2ª estalagem

AUTISTAS E PARISIENSES

2003

OS DOIS ÚNICOS entes vivos no planeta que conseguem olhar **através das pessoas** são os autistas e os parisienses. Não há necessidade de diagnóstico diferencial: se não for autista, é parisiense.

Não sei se é devido ao fato de ter sua cidade invadida por milhões de forasteiros consumidores, não sei se já nascem assim, a realidade é que o parisiense desenvolveu jeito impessoal e gelado de se relacionar com estrangeiros não-turistas. Pior que a hostilidade; jeito secador. Gela. E, a quintessência do gelo é o olhar, que atravessa as pessoas.

Não querem saber de confraternização com estrangeiros. Em oito meses de estágio na cátedra de Psiquiatria Infantil da Faculdade de Medicina da Universidade de Paris – de setembro de 1961 a maio de 1962 – só fui convidado uma única vez a ir a uma casa, a do Professor Georges Hauyèr. E nem foi por mim; apenas uma deferência a seu amigo Pacheco e Silva, meu professor de Psiquiatria, que me dera cartas de recomendação.

Prestem atenção nesta:

Havia uma banca de jornal que ficava no mais famoso cruzamento de ruas de Paris, equivalente, digamos, aqui em São Paulo, ao encontro da São João com a Ipiranga.

Esta banca era o melhor *símbolo* de tudo isto. A dona, cara amarrada, sentava-se num banquinho encimado por enorme cartaz, cujos dizeres eram a seguinte hostilidade:

Não dou informações. (*Pas de renseignements*).

Estas coisas machucavam os sul-americanos, aditos a companheirismo, que somos. Amigos que eu havia feito no navio (ia-se à Europa de navio), e que tinham projetos muito sonhados de estadia por três anos, voltavam ao Brasil após quarenta dias. Um médico gaúcho, de fronteira, superafetivo, um tipo imenso que, para horror dos parisienses, dava abraços esparramados e apertados em todo mundo, tomou três meses de olhares "atravessadores" e enlouqueceu. De vez. Só pensava numa coisa: ir embora de Paris. Um dia, estourou. Completamente transtornado, foi ao aeroporto, parou na primeira companhia aérea que encontrou, e pediu passagem *"para o primeiro vôo"*. Quando a recepcionista, surpresa, perguntou: *"Para onde?"*, respondeu simplesmente: *"Para qualquer lugar!"*. E foi para Milão.

Não fui muito atacado por estas despersonalizações nos primeiros tempos. Estava tão encantado com o festival de cores que as árvores européias oferecem no outono – e com os recitais de órgão das tardes em Notre Dame – que não tinha córtex livre para tristezas. Mas, após dois meses e meio, com a chegada do inverno, a crise veio braba. Segurei, segurei, mas ela estourou. Procurei algum conforto num colega parisiense que eu havia conhecido e "ciceronado" por São Paulo inteira, durante um congresso médico. Não me recebeu. Mandou a secretária dizer que eu deveria aprazar encontro (*rendez-vous*). Sugeria dia tal, horário tal - e pasmem - no restaurante tal. Eu que, como qualquer latino-americano, levo todo mundo para casa, não suportei mais esta. Disse à secretária o maior palavrão que sabia (em português, tranqüilizem-se os leitores), e desabei.

Magoado, de coração pequeno e molhado, estava uma noite na Casa da Espanha, Cidade Universitária, onde morava, a antecipar as libertadoras fantasias de retorno imediato, quando alguém vem avisar que eu estava sendo chamado ao telefone. Do outro lado do fio uma voz disse: *"Sou seu colega e pertenço a um comitê de acolhimento, que a Sociedade Médica Parisiense criou para receber médicos estrangeiros. Meu telefone é tal, e se você desejar conhecer o programa, ligue-me. Bonsoir"*.

Jamais conheci o colega, ou o programa. Não foi necessário. A sensação de contar com alguém cortou o desepero. Bastou a oferta. A oferta foi suficiente para eu suportar o momento de crise. Sendo espontânea, não pechinchada, teve ação linda e reconfortante. Até errei na dose: após alguns meses já conseguia, eu também, olhar através das pessoas. Eu, os autistas e os parisienses.

A experiência fez inverter o sinal que eu usava nas trocas psicológicas, particularmente nas psicoterápicas. Entendi que, quem dá sentido às trocas não é quem oferece, como eu pensava. Quem dá sentido às trocas é quem recebe. Em crise, um telefonema anônimo fez toda a diferença. (O colega jamais poderá imaginar que um seu telefonema, para ele de rotina, ganhasse tal significado). Num outro momento, eu o teria recebido como simples cortesia.

Hoje, estou mais atento ao "momento receptivo", do que ao conteúdo psicológico das minhas intervenções. Voltei da França trazendo na bagagem a ideologia que ainda uso: não estar muito preocupado com a sensatez psicológica de minhas intervenções, já que não posso saber – apenas intuir – "o momento receptivo". *Semear ao vento.*

E com práticas mudadas. Por exemplo: com certa freqüência recebo telefonemas no dia 23, 24 de dezembro, solicitando marcação de uma primeira consulta. Ou, às vésperas de viagem de férias, minhas ou do cliente. Anterior-mente, marcava para *"depois das festas"*, ou dizia: *"por favor, telefone-me em 1º de fevereiro".* Não faço mais isto. Vou fazer um primeiro atendimento, nem que seja um pequeno "caco" de consulta. Para eu me tornar expectativa, ancoradouro para a ansiedade desesperadora, como meu desconhecido colega se tornou.

É que me vem à cabeça: *pode ser alguém que esteja indo para Milão.*

No Tempo das Diligências (III)

3ª estalagem

Delírio e Realidade

2003

NOS INÍCIOS DE 1956 eu ainda não trabalhava com crianças; trabalhava com adultos psicóticos, internados em hospitais psiquiátricos. Ou, como digo a meus alunos: *eu trabalhava com crianças-de-envoltório-grande*. (E não é isto que são, os psicóticos e neuróticos adultos?!).

Meu emprego principal era no Hospital Psiquiátrico do Juqueri, do governo do estado de São Paulo. Um grande depósito: doze mil doentes internados. Mais especificamente, eu atendia os pacientes do 3º Pavilhão Masculino, um pequeno depósito: apenas quatrocentos pacientes. E eram todos loucos paupérrimos, pobríssimos. Indigentes.

(Quando li Franco Basaglia, muitos anos mais tarde, fantasiei, absurdamente, que em outra encarnação, Basaglia havia trabalhado no Juqueri, talvez no 3º Pavilhão. Só quem trabalhou lá poderia dizer: *o que mais me impressiona ao entrar num hospital psiquiátrico, não é ver como os pacientes são loucos; mas sim, como eles são pobres*).

A maior parte dos pacientes era internada nas madrugadas e trazida por viaturas da Polícia – ou como se dizia na época, por "rádio-patrulha" – sem qualquer informação, além do Boletim de Ocorrência (o famoso B.O.), redigido no característico e delicioso jargão policial: *elemento encontrado em via pública. Mal súbito*. Ou ainda: *cidadão 'débil mental' perambulando sem destino*.

Meu primeiro trabalho médico no Juqueri era, pois, examinar às cegas – só com as informações do B.O. – todas as manhãs, aquela leva de miseráveis que as grandes metrópoles produzem, necessariamente, nas madrugadas.

Numa determinada manhã, era a seguinte a quota de miseráveis que foi encaminhada ao 3º Pavilhão Masculino: vários alcoolistas crônicos em estado de *delirium tremens*, dois psicóticos muito deteriorados, e um *'débil mental' que sofrera 'mal súbito' e fora encontrado 'perambulando sem destino'*.

Deste último, não veio nenhuma informação, nenhuma identidade, somente uns papéis com timbres de hospitais clínico-cirúrgicos, papéis que sugeriam que, confuso e desconexo, passara dias e dias sendo levado de Pronto-Socorro em Pronto-Socorro, e, sem diagnóstico, acabara no Juqueri. Sujo, rasgado, maltrapilho. De fazer dó.

Sintam o quadro: era japonês, estava confuso, falava pouco e mal um português arrevesado, apenas o suficiente para eu perceber que delirava abertamente um delírio de grandeza. Dizia-se Presidente de uma grande multinacional japonesa. Dizia, também, ter sido roubado de grande quantia de dólares e de importantíssimos e secretos documentos.

"As idéias delirantes de grandeza são frondosas", caprichei no prontuário.

Sem dados que pudessem orientar meu pensamento clínico, resolvi não prescrever nada, somente esperar a evolução do quadro. Ou a chegada de informações. Mas pedi um Wassermann (exame de sangue para sífilis), dado que, para delírios de grandeza muito exagerados, a neuro-lues era ainda causa freqüente. E coloquei-o aos cuidados de Dom Pedro I – que não se perca pelo apelido – outro paciente mega-delirante, internado há muitos anos, prestativo, que funcionava como auxiliar da enfermagem. (*"Doente-bom"*, dizíamos no Juqueri, nós que desprezávamos a contradição existente entre as palavras "doente" e "bom").

Fiquei à espera.

E não perdi por esperar. Logo surgiram as informações. Ou melhor, logo surgiu **a informação**. Passados uns três, quatro dias, ainda pela manhã, começam a desfilar os carrões. Todos pretos, todos Mercedes Benz. Pensei que fosse o governador Jânio Quadros dando uma de suas "incertas", prática que ele pôs em grande moda naquela época. Mas, não. Pararam na porta do meu 3º Pavilhão. Desceram dez, talvez doze japoneses e nipo-brasileiros, todos engravatados. Todos com pasta 007. E, tão logo viram meu delirante frondoso, puseram-se a fazer daquelas elegantes reverências orientais. Que se repetiam e repetiam. E se tornavam cada vez mais profundas. E tão profundas se tornaram as orientais reverências que, em certo momento, com ângulo favorável, meu campo de visão era constituído por doze alegres e risonhas vírgulas humanas.

Os vice-presidentes e assessores da multinacional japonesa tinham conseguido, enfim, localizar seu Presidente!

No Tempo das Diligências (IV)

4ª estalagem

De quando - e como - quase, quase fiquei famoso

1998

Nobel PrizeWinners Ceremony

SIM, LEITOR: É ISTO MESMO que o título anuncia! Quase fiquei famoso. Quase. Porém, atrasei-me de um triz, levando-se em consideração que na escala de tempos históricos quarenta anos são um triz.

Não fiquei muito chateado, porém. Perdi para pesquisadora da mente de tal calibre, que a perda, só fez dignificar o perdedor. E até consegui salvar uma casquinha, dos quinze minutos de glória a que todo terráqueo tem direito. Os leitores verão.

O atraso, que me custou a fama, ocorreu do seguinte modo:

Durante a década de 1950 e parte da de 60, todos os psicoterapeutas brasileiros que tratavam crianças, eram rogerianos. A técnica psicoterápica de Rogers (digo "técnica" porque a escola rogeriana não possui uma Teoria sobre a mente), com seu jeito simples, empático, simpático e de fácil assimilação, havia conquistado corações e mentes de todo o Brasil-psi.

Existiam – certo que existiam – alguns pioneiros psicanalistas, mas, estas andorinhas eram tão poucas, que, no máximo, conseguiam fazer primavera. Quem fazia verão era a

Sra. Virgínia Axline, principal seguidora de Carl Rogers para a psicoterapia de crianças. Dizia-se Axline com a freqüência com que se diz, hoje, Melanie Klein e Winnicott. (Juntos). E onde hoje se fazem "interpretações", fazia-se "espelhamento". (Técnica que consiste em devolver ao paciente o que ele disse, porém ressaltando o conteúdo emocional que o terapeuta supõe não percebido por ele. Também procura levar a modificações topográficas na mente, ou seja, tornar conscientes os conteúdos inconscientes).

Sequer se usavam expressões como *psicoterapia infantil* ou *psicoterapia de crianças. Análise de crianças*, nem pensar. Todos dizíamos o nome roger-axlineano: *"ludoterapia"*. Que, no dia-a-dia, virava *"ludo"*. Quando, em 1956, cheguei à mente das crianças, todas as pessoas – todas mesmo – a quem pedi orientação bibliográfica, indicaram-me os dois famosos livros de Axline: *Dibs, à procura de si mesmo,* e *Ludoterapia.*

Dibs foi o primeiro livro psicológico que eu, e toda minha geração, leu.

A técnica de Axline usa brinquedos expostos em prateleiras. E comuns a todos os pacientes. Todas as crianças usam todos os brinquedos da sala. O Serviço onde eu trabalhava, o Setor de Higiene Mental e Psiquiatria Infantil da Clínica Pediátrica do Hospital das Clínicas da Faculdade de Medicina da Universidade de São Paulo, (uffa!), não fazia exceção.

A sala de ludo do Setor mais parecia uma loja de brinquedos. Até confundia as crianças, de tanto brinquedo à mão, principalmente as muito pobres, ou seja, todas. O uso comum também gerava brinquedos quebrados, o que deixava as crianças sem graça, raivosas e/ou culpadas. E, nestas condições, perdiam-se a história e as estórias da psicoterapia. Era impossível construir uma história evolutiva de cada terapia.

Os inconvenientes eram inúmeros, mas, o maior de todos, era a mistura dos contextos lúdicos de um paciente e outro. Uma criança esmigalhava o crânio de seu irmãozinho que, só ele não sabia disto, era o pai muito amado de outro paciente. Uma confusão!

Eu registrava mentalmente estes desagrados, mas, por mais que procurasse, não achava alternativa.

A alternativa veio em 1960 ou 61, não lembro bem. Enquanto dava tratos à bola à procura de alguma solução, apareceu aqui por São Paulo uma psi alemã, da qual injustamente não me lembro o nome. O que importa é que ela divulgava uma pequena mala; uma mala mágica. Chamava-a por nome pouco inspirado, *ceno-teste* – pois se destinava a fazer diagnósticos – mas continha os brinquedos mais lindos do mundo. Feitos de um material que parecia carne, ultra-miniaturizados, com movimento de braços, de pernas, de cabeça e, acima de tudo, perfeitos: pai com cara de pai, mãe com cara de mãe, avós com cara de avós e todo o resto perfeito de uma família expandida.

E médicos, e enfermeiras, e policiais, e bombeiros, e animais, e tudo o mais que leitores bem exigentes possam desejar. A perfeição da perfeição. Já devia ser atraente para níveis europeus. Para mim, sul-americano subdesenvolvido, acostumado com brinquedos das Lojas Americanas e olhe lá, quando havia verba, trabalhando com bonecos de mesma cara e mesmo sorriso idiota, aquela exibição foi uma ofensa pessoal.

Mas foi também fonte de inspiração para a alternativa.

Raciocinando a partir da malinha alemã, passei na loja onde eu comprava sapatos, pedi algumas caixas de presente e, no dia seguinte, coloquei nelas alguns brinquedos individualizados. Uma caixa de sapatos para cada criança. Funcionou até melhor do que eu esperava. Por motivos que não compreendi, só intuí, os pacientes preferiam, de longe, os poucos brinquedos pessoais à montanha de brinquedos coletivos. E passamos a nos beneficiar, com as caixas de sapatos, de todas as outras vantagens do uso de brinquedos individualizados. E principalmente da construção e da preservação da história evolutiva de cada psicoterapia. Perfeito. Ponto para mim.

Muitos anos mais tarde, quando me tornei caixeiro-viajante do ensino da psicologia, da psiquiatria e da psicoterapia da infância, passei a recomendar, (e ainda recomendo), a meus alunos que mourejam nos Serviços Públicos dos sertões psicoterápicos, estes modos subdesenvolvidos de trabalhar. Recomendo-os para aqueles que estão sempre esperando pelas verbas.

Não faz diferença usarmos caixas de sapatos, de camisas, sacolas de shoppings, sacos plásticos (mais barato são os de supermercados), ou usar caixas de madeira envernizada, com cadeado e duas preciosas chaves, que podemos utilizar nos acarpetados consultórios privados. Afinal, o que importa é separarmos: a) conteúdo-continente; b) interno-externo; c) eu-não eu; d) mente-realidade; e) objetivo-subjetivo e f) permitir que se preservem a história e as estórias da evolução de cada psicoterapia. São funções que qualquer equivalente simbólico de uma "pele psíquica", exerce. Não é "a caixa" que faz a psicoterapia, sim a relação humana.

E como foi prometido, vou terminar salvando a casquinha dos meus quinze minutos de glória.

Na década de 1920, Melanie Klein já havia resolvido a questão dos brinquedos individualizados. Já usava caixas. Não posso, pois, me considerar o criador da "caixa lúdica". Nem pensar. Só que, em 1960, eu não sabia disso. Sequer sabia quem era Melanie Klein. Só conhecia a técnica rogeriana. Portanto, posso me candidatar, legitimamente, a criador da *"versão subdesenvolvida"* da caixa.

Não posso?

No Tempo das Diligências (V)

5ª estalagem

Um alerta aos terapeutas que têm filhos pequenos (ou netos idem)

2000

COMECEI A ATENDER a mente de crianças em 1956, no Setor de Psiquiatria Infantil da Clínica Pediátrica do Hospital das Clínicas, e, atendendo em ritmo acelerado – dois casos novos por dia (mais os retornos) – seis anos depois, em 1962, ao tempo dos eventos que relatarei, eu atendera mais de mil casos.

Havia nos atendimentos um fato que me incomodava, até irritava: eu não conhecia pais. Só mães. Em seis anos de trabalho com crianças, eu não havia conhecido um único pai. Um único. Às vezes, até desabafava com colegas: *"à Pediatria do HC só vêm crianças partenogenéticas"*! (do grego: pártenos = virgem; gênese = origem. Partenogênese é fenômeno biológico, encontrado em animais simples, em que a fêmea produz filhos sem o concurso do macho. *Produção independente*, em linguajar de hoje).

Pois, ao nosso Setor, chegavam somente crianças sem pais. Até construí frase de efeito para marcar o acontecimento: *"a criança psicológica é uma criança partenogenética"*!

E era fato aceito. Não incomodava. Quando comentava com velhos pediatras sobre a ausência absoluta de pais, me respondiam, conformados: *"sempre foi assim"*.

50 Oswaldo di Loreto

Até 1962 resmunguei muito, mas não fiz nada para combater este inconveniente. Porém, ocorreu que, nessa época, o Setor abriu estágio para jovens médicos e, aproveitando certa folga na rotina de atendimento, trazida pelos estagiários, resolvi tirar a limpo essa questão dos pais. O que quer dizer na prática: a assistente social do Setor e eu entramos em campanha cerrada em prol do comparecimento dos pais. (Cartas e telegramas pessoais – e não convites através das mães –, telefonemas para seus locais de trabalho, e mais um milhão de macetes).

A "campanha dos pais" foi ótima, das melhores coisas que fiz na vida profissional. Trouxe ensinamentos preciosos (e inesperados), que relatei em livro (sobre a origem e o modo de construção das doenças mentais). Valeu a pena. Por ora, basta dizer que, entrando em contacto direto, os pais se mostraram cooperativos e inteiramente dispostos a comparecer ao Setor.

Esbarrei, porém, em dificuldade insuperável: os horários de funcionamento do Setor coincidiam com os horários de trabalho dos pais. Eles respondiam que, de bom grado, viriam prestar informações sobre os filhos, desde que a vinda não interferisse com outro interesse, o trabalho.

Fiquei sem alternativa. Mas estava tão interessado em enfrentar a questão das nossas crianças partenogenéticas, que aceitei "partir para o sacrifício": marquei as entrevistas com os pais para as manhãs de sábado. Morto de culpa por invadir o sagrado horário destinado a meus filhos. E tendo invadido os horários que, antes, eram destinados à parte gostosa das funções paternas, enchi-me de remorsos. Lógico. Porém, logo consegui ótimo *mercúrio-cromo-psicológico* para passar nas culpas de ter abandonado os filhos: levá-los comigo.

Por que não levá-los? O Setor não funcionava aos sábados, o Hospital das Clínicas era meio vazio, eu só usaria a sala dos adultos e, graças aos bons ofícios da Sra. Axline, a sala de ludo era uma loja de brinquedos. E eles tinham 2, 3, 4 e 6 anos. Por que não levá-los?

Ficaram um pouco desagradados por perder os passeios preferidos: o Jardim Zoológico (*parquinho "de macaco"*, na língua deles), e uma praça com balanças e escorregadores (*parquinho "de ferro"*), mas aceitaram acompanhar o pai em seu trabalho.

Encantaram-se com tantos brinquedos. Era até difícil retirá-los da sala após os atendimentos. Eu atendia quatro pais por sábado, o que propiciava três 10 minutos de intervalo para ficar com eles (mais a falta de algum pai). E, de quebra, ainda podia fazer curso completo numa área em que eu não tinha experiência: crianças normais numa sala de ludo.

Depois do terceiro ou quarto sábado de HC, na volta para casa, começaram os cochichos no banco de trás do carro. Cochicha que cochicha, mas, não dizem nada. Por fim, o mais velho conseguiu transformar desconfianças em palavras:

– *Pai, onde você trabalha?*

– *Na sala onde vocês estiveram. Na sala de brinquedos.*

– *Sei. Mas onde você* **trabalha?**

E assim permaneceram por anos com a mesma desconfiança. Por mais que explicasse a natureza do meu trabalho, cada vez que viam o pai cercado por uma montanha de brinquedos, cochichavam coisas como: *"trabalha, heim!!!"; "naquela sala, heim!!!"* Até atingirem a idade da razão.

Mas, o pior ainda estava por vir. Quarenta anos depois.

Como já disse quando pernoitei em alguma outra estalagem, mais tarde tornei-me caixeiro-viajante do ensino da psiquiatria infantil. Toda semana tomava um avião – ou ônibus – e me mandava para algum lugar fora do eixo Rio-São Paulo-Belo Horizonte-Porto Alegre, já bem servidos de cursos de formação para o trabalho psi com a infância. E a conversa da família girava muito em torno das minhas viagens: – *"Trouxe chocolate Salware de Curitiba? – Reviu os filhos do amigo Zé Mario de Freitas, em Goiânia? – Comeu de novo rabo de jacaré em Campo Grande? – Os teus queridos amigos de Londrina, como estão? – Vaiou o general-presidente em Brasília? – Não esqueça de trazer castanha de caju de Fortaleza! – Muito calor em Ribeirão Preto?* .

(A inspirada ilustração que antecede a Diligência é uma boa alegoria de minhas andanças).

Viajava tanto, e para lugares tão distantes, que minhas idas a Campinas, Santos, Jundiaí, Piracicaba e

São Bernardo (menos de 300 km), já nem tinham mais *status* de "viagem". Mas, as andanças, curtas ou longas, sempre foram – e são – curtidas pela família.

Num dia recente, minhas netas estavam cochichando entre elas e especulando sobre as profissões dos membros da família. A de oito anos pergunta para a de nove:

– *Em que o vô di Loreto trabalha?*

Mas quem respondeu foi a de seis:

– *O vô di Loreto não trabalha. Só viaja!*

No Tempo das Diligências (VI)

6ª estalagem

Prognósticos

2003

OS PSIS JOVENS EM DEMASIA, digamos os que estão em início profissional, estes, nem desconfiam. Já os mais experientes, começam a perceber a necessidade. Talvez. Porém, os velhos trabalhadores, aqueles que rodaram muitos quilômetros profissionais, certamente sentiram a necessidade de construir sua **Constituição psi**.

Não é o código de ética. É o código de técnica. Formas clínicas de trabalhar. Princípios técnicos gerais que inspiram os procedimentos sobre os quais podemos fazer escolhas. (Sobre princípios éticos não fazemos escolhas; *cumpre-se e ponto*). São, no fundo, no fundo, aqueles modos de trabalho clínico que, ao ver de cada um, mais beneficiam o paciente. Podem variar de clínico para clínico e de caso para caso.

No entanto, há um certo número destes *princípios técnicos* que são absolutos. Ou, dizendo de melhor forma, alguns princípios se tornam, com o tempo e conforme a experiência de cada um, absolutos. Imutáveis e, principalmente, *inegociáveis*. São as **cláusulas pétreas**.

Cláusulas pétreas da Constituição psi.

(Saiu bonito, não, leitor?)

Cláusulas pétreas da Constituição psi!!!

Não faço exceção. Velho clínico que sou, (estou há 54 anos na medicina psiquiátrica e há 52 com crianças e famílias), fui construindo, pouco a pouco, a minha *Constituição psi*, e nela inscrevendo as inegociáveis *cláusulas pétreas*.

Estas considerações técnicas me vêm à cabeça, disparadas que foram pelo seguinte episódio: andando com pouco destino pela desvairada São Paulo, vejo, numa dessas placas imensas que são colocadas à frente de imensos terrenos vazios, o fascinante projeto estilizado de um futuro prédio de apartamentos a ser construído. Desenhos tão fascinantes, que o leitor só não comprará o apartamento, se for tolo ou pobre.

Não sou tolo, e parei para admirar platonicamente a beleza plástica daquela arrojada concepção arquitetônica.

Antes não o fizesse. Lá estava, em letras iluminadas, o nome do arquiteto, autor do magnífico projeto. Que me fez voltar a algumas penosas experiências de meus inícios profissionais. Foram justamente as experiências que me levaram a inscrever na minha Constituição psi, uma das mais pétreas entre as cláusulas pétreas: **só falar do presente**. *Jamais especular sobre o futuro*. Ou, dito em linguajar clínico, *não fazer prognósticos!*

Hoje, 2008, estas coisas ficaram claras, e consigo perceber com limpidez que em nossa área psi, prognóstico é miragem. Ilusão. Coisa de *buenas dichas* e jogadores de búzios. Não existe. Na **clínica psi da infância**, nesta então, anotem aí os jovens, prognóstico "científico" perde, longe, para mapa astral.

Ocorre que são tão numerosas, imprevisíveis, mutáveis e inconstantes as variáveis que influenciam a construção e o funcionamento da mente, que aprendi com a prática clínica a fugir das tentações de prever a evolução futura de distúrbios. Não mais faço prognósticos, em hipótese nenhuma. (*"Hipótese nenhuma"*, os leitores sabem, é modo de dizer. Forma de expressão. Pendurado em pau-de-arara e com choque elétrico nos genitais os farei, todos. Mas este é, também, o meu limite. O que quer dizer: só farei prognósticos, se colocado nessas condições).

Não foi fácil abdicar dos pruridos de ser *"dono do futuro"*.

De saída, foi necessário reconhecer que era muito atraente a sensação de **poder** trazida pelo *conhecimento do desconhecido*. Mesmo que um conhecimento arbitrário e arbitrado. E, coisa fatal: uma vez estabelecido e fixado o futuro, passamos a acreditar nele. E a agir conforme a crença. Como se verdade fosse. (Um dos mais notáveis truques da mente humana). Sustentar uma ignorância, dia após dia, mostrou-se na minha prática mais sofrido do que a certeza ilusória. Delirante, se necessário.

Em segundo lugar – não obrigatoriamente em ordem de importância – há que contar, na clínica psi de crianças, com as pressões vindas de fora, principalmente das famílias. Lógico: acontece com elas a mesma necessidade de se apropriar do futuro. E a pressão pode ser terrível. Contém, além de ameaças, subterfúgios e obliqüidades.

Outro motivo pelo qual abandonei definitivamente o prognóstico é o fato de muitos casos terem evolução inesperada, estrambótica, inexplicável, contrária a todo conhecimento. Evoluções que parecem *"coisas do demo"*.

Tenho várias destas "coisas do demo". Vou escolher a seguinte:

Há uns vinte e cinco anos, um amigo pediu-me para atender o filho de sua empregada doméstica. Atendimento incômodo, o paciente tinha por volta de 30 anos, eu estava há muito tempo longe da clínica de adultos e não tinha quase nenhuma atualização, nem com a patologia, nem com a terapêutica de adultos. Mas, os leitores conhecem estas solicitações constrangedoras. São irrecusáveis.

Dias depois, recebo no meu acarpetado consultório, rapaz humilde, muito inculto. Passa os primeiros dez minutos só pedindo desculpas *"pelo incômodo"*. Quadro complexo, estável e grave, sintomas ansiosos e fóbicos se retroalimentando, ansiedades que ele procurava amenizar introduzindo novo agravamento, alcoolismo. Afundava-se no pântano.

O que eu poderia fazer? Psicoterapia, nem pensar, naquelas condições sociais, culturais e econômicas. Nem ele desejava. Não queria dar mais este *"incômodo"*. Internação em hospital psiquiátrico (nos horrorosos hospitais da época?!). Não faria essa maldade. Saída possível: *os fármacos*. Mas como, pela falta de atualização, tinha medo de prescrever medicações incorretas, decidi-me por solicitar a colega esperto em medicamentos que o atendesse. E, somente para não deixá-lo sair decepcionado, mãos abanando, dei-lhe provisoriamente algumas amostras-grátis do mais inócuo fármaco que tinha na gaveta, pouco mais que água fluídica embalada em comprimidos. Tão poderosa quanto água com açúcar. Chamava-se Psicosedin. Talvez tenha sido o primeiro fármaco a se chamar "tranqüilizante"; antes, eram "calmantes".

Terminada a consulta, telefonei e prestei contas a quem a solicitara, e, perguntado, arrisquei dizer o que me pareceu: *"o caso é de mau prognóstico"*.

Antes tivesse ficado calado.

Não é que o paciente sarou com o Psicosedin! Sarou inteiro. Sarado. E sarado de vez. Nem precisou consultar o colega esperto. Recuperação *ad integrum*. Acompanhei-o por mais de dois anos. De quando em quando passava no consultório, mais para se exibir, do que para renovar a miraculosa receita. Continuava ótimo. Tornei-me, lógico, o ídolo da família, do bairro.

Até hoje ainda me pergunto: *"qual pode ter sido o mecanismo de ação dessa cura?"* Efeito placebo? Eficiência longa demais! Erro diagnóstico? Pouco provável; o quadro era evidente. Acabei aceitando a única explicação possível, de lógica irretocável: *"ele tinha falta de psicosedin no organismo!"*

Retornou ao nordeste, de onde era originário. Sempre que penso nele, vem-me à cabeça a seguinte questão: *"o que será que aconteceu com este paciente quando retiraram o Psicosedin da praça?"*

Pergunto: os leitores não acham que quem viveu as mágicas produzidas, não sei se pelo Psicosedin, ou por algum misterioso *psicosedin* que fazia falta ao seu organismo, fica esperto e abdica para sempre da pretensão de fazer previsões sobre o futuro na área psi?!

Porém, a principal razão que me levou a abdicar dos prognósticos-psis, ainda mais com crianças, é o fato de os prognósticos correrem o risco de se assentarem sobre **erros de diagnóstico**. Mesmo sobre diagnósticos caprichados, que, também estes, são baseados em dados de avaliação subjetiva.

Não parece, mas, um dos diagnósticos mais difíceis, é o da *deficiência mental*. Erra-se muito.

Errei muito. E, como pago o preço de estar há muitos anos na clínica psi, tive tempo de acompanhar a evolução dos meus prognósticos.

Função psíquica complexa, a inteligência é *resultante* da interação entre inúmeros *componentes* básicos mais simples. (Weschler identifica nas suas provas, o WISC e o WAIS, mais de dez componentes). Os mensuráveis.

E é influenciada no seu funcionamento por inúmeros fatores: afetivos, sensoriais, motores, alterações nas funções simbólicas etc. ... E considerando que alterações num dos *componentes* já determinará alterações na *resultante*, os leitores podem deduzir os riscos de fazer afirmações sobre a chamada inteligência.

Ultimamente, aproximando-me dos 80 anos de idade, dei de especular sobre questões transcendentais. Atualmente especulo sobre a seguinte: *"qual a **unidade de medida** que é utilizada no inferno?"*

Após considerar várias possibilidades, decidi-me pela *labareda*. Cinco labaredas, cem labaredas, mil e uma labaredas. É uma unidade que combina. Apropriada. Também recebi, como os leitores, descrição do inferno como sendo um lugar um tanto tórrido.

Pois bem, uma parte substancial dos milhares de unidades-*labareda* que, seguramente, lá me esperam, as mereci ao fazer prognósticos. As mais quentes virão dos casos de deficiência intelectual. A citada complexidade da função intelectiva, as dificuldades práticas em aferi-la, fatores situacionais (inseguranças profissionais trazendo necessidade de "mostrar serviço"; sentimentos negativos em relação aos pais, atribuindo-lhes responsabilidades pelo distúrbio do filho, com seus decorrentes impulsos inconscientes de puni-los; crianças difíceis, pouco transparentes ao exame), e outros fatores, já me cegaram para casos de **pseudo-deficiência**, principalmente para os casos de pseudo-deficiência de origem **afetiva**.

Disse, logo atrás, que estas elucubrações a respeito de meu cálido destino próximo-futuro foram disparadas pela contemplação do belíssimo projeto arquitetônico. Mais especificamente, pelo iluminado nome do arquiteto. Não eram, pois, simples devaneios. Eram recordações de fatos da realidade.

O que quero dizer, é que eu havia atendido o menino-arquiteto quando ele tinha 7 anos. Os pais o levaram ao consultório com queixa de *"não aprende nada"*. Examinado exaustiva, mas dificultosamente, não percebi que se tratava de pseudo-deficiência afetiva, e, muito necessitado de mostrar serviço, disse aos pais que ele **"jamais faria ginásio"**.

Minhas caminhadas quase-diárias, ditas *cooper*, estão um tanto alongadas desde o dia que contemplei as imensas placas que continham os desenhos estilizados do prédio projetado pelo menino que não faria ginásio.

Ocorre que moro no mesmo bairro onde se localiza o hoje majestoso edifício de apartamentos. Onde se localiza a prova do delito, digamos. E é aquela trabalheira para encontrar paralelas e transversais...

No Tempo das Diligências (VII)

7ª estalagem

Aprendendo psicologia com a vida cotidiana
Três ensinamentos

2003

PRIMEIRO. NOS FINS DA DÉCADA DE 1960 surgiram, no consultório, as primeiras crianças "filhas da televisão".Os leitores as conhecem: são crianças que têm a cabeça povoada só de imagens virtuais, pois a realidade foi internalizada via TV. Não conhecem o mundo concreto. Têm também semântica própria, dado que falam com frases retiradas depropagandas e anúncios.

Eu conhecia essas crianças pelo trabalho no consultório, mas nunca tinha vivido experiência pessoal, no cotidiano, que revelasse como elas são na vida comum. Não podia, portanto, sequer imaginar a que exageros podem chegar essas deformações.

E assim foi, até que um amigo-colega convidou-me para churrasco-aniversário, a ser carneado-festejado no seu pequeno sítio. Lá pros lados de Itu.

Fui dos primeiros a chegar e, metropolitano de nascença, sai a deliciar os olhos com bucolidades campestres: um canteiro de alface aqui, outro de beterraba acolá – todos com os curiosos saquinhos vazios de sementes, espetados em varetas – algumas vacas; seus bezerros. E muitas galinhas soltas, ciscando ao acaso e atravessando os pés dos caminhantes.

Chegaram outros convidados; voltei à varanda da casa, ao lado do pátio de estacionamento.

Os recém-chegados eram todos médicos meus conhecidos, mais suas respectivas famílias, mais os fila-bóia. Um único casal eu não conhecia. Traziam uma filha de quatro anos, muito graciosa, miúda e com pele daquela cor de inconfundível branco-apartamento. Tímida, demorou a soltar-se dos colos. Mas soltou-se e saiu, sozinha, a fazer o curto trajeto até às beterrabas. No caminho vê uma galinha, olha-a intrigada, dá meia-volta, torna a conferir o que seus olhos viram, volta correndo, e excitada, diz para a mãe:

— *"Mãe, mãe! Eu vi uma Knorr!!! Eu vi uma Knorr!!!"*

Este segundo aprendizado de psicologia com a vida cotidiana, remonta aos idos 1950. Antigo. É bem do Tempo das Diligências. Estaria mais bem situado, os leitores verão, se pertencesse aos trágicos contos de Edgar Allan Pöe.

Eu era jovem e residia no afastado bairro da Lapa. Tinha os hábitos simples da incipiente classe-média paulistana. Hábitos que incluíam encontros da rapaziada num bar, nas manhãs de domingo, destinados à prática de nossos dois esportes prediletos: matar palavras cruzadas e fazer gozações uns com os outros.

Os encontros dominicais tinham também função terapêutica. Por acordo tácito, aceitávamos liminarmente, sem questionamentos, todos os relatos de espertezas, vantagens, vitórias conquistas e demais idealizações sobre atos heróicos que, na realidade, não havíamos praticado no corriqueiro da semana.

Algumas dessas idealizações, porque recebidas pelo grupo como se realidades fossem, transformaram-se em projetos e até em realizações. Capacidade admirável que têm os grupos de amigos de verdade, amigos sem "mas".

Jovens provincianos não se dão a luxos semânticos. Evidentemente não dizíamos idealizações. Dizíamos "encontros para contar mentiras". (Fui, e continuo sendo beneficiário de ter um grupo "para contar mentiras").

Apropriadamente, os mentirosos éramos sete.

Nessa época eu tinha uns escassos dois, talvez três anos de psiquiatria, mas já atendera – e participara das discussões clínicas – de casos de mulheres que haviam sido "curradas". Não sei se este nome ainda está em uso, mas assim se chamavam na época, as mulheres que haviam sido sexualmente violentadas, em seqüência, por turmas de homens. Eu conhecia, pois, o quadro, mas nunca tinha visto na vida comum, ao vivo e em cores, os sinais da devastação psíquica – e das cicatrizes mentais – que elas carregam pela vida.

Até uma certa manhã de domingo no bar do Ferreira.

Estávamos os sete às voltas com as cruzadas, quando entra no bar, encosta-se no balcão e pede um pingado/pão com manteiga, moça nova, ar sério e recolhido, nem olhou para o grupo de rapazes. Pegou seu desjejum e dirigiu-se a uma das mesas que havia ao lado. Mas pisou de mau jeito, desequilibrou-se e, com as mãos ocupadas não teve onde se segurar: estatelou-se, estendida no chão.

Todos tivemos o reflexo de socorrê-la e nos inclinamos, os sete sobre ela.

Quando, deitada, viu todos aqueles homens debruçados sobre seu corpo, as cicatrizes reavivaram-se, e se pôs a gritar, enlouquecida de medo:

– *"Ninguém vai me foder! Ninguém vai me foder!!!"*

Este terceiro aprendizado que a vida comum dá de graça à psicologia, é dos bons. Os leitores verão.

Lá pelos idos de 1970, eu já tinha atendido um bom número de pacientes com *crise **aguda** de ansiedade*; pessoas com grau indescritível de sofrimento psíquico. Constatara, inclusive, a presença de impulsos suicidas que, de hábito, acompanham esses desesperos. Mas, em vista de acontecimento futuro que em seguida narrarei, aprendi que eu tinha, destes pacientes, visão tecnicista, muito mecanizada. E tinha falado muita tolice sobre esses suicídios; sempre os via dentro de alguma "patologia". No mínimo, dentro de uma *ite*, ou de alguma *ose*.

Um acontecimento do cotidiano veio auxiliar-me a criar empatia, digamos assim, mais compreensiva e mais compassiva.

Convidam-me a participar de evento psicológico. Evento tipo "semana da psicologia". Na cidade de Maringá, norte do Paraná.

Já conhecia Londrina, também no norte do Paraná, a 100 quilômetros, e estava desejoso de usufruir a intimidade da "cidade-canção". Que assim é chamada.

Maringá fica a uns 700 quilômetros de S. Paulo; muito longe para carro ou ônibus, avaliei.

Telefonando para as companhias aéreas, soube que havia vôo direto às seis horas. Da madrugada. Comprei passagem.

Eu tinha ido a Londrina em possantes jatos da Boeing. Ou, no mínimo, nos Dart Herald da Sadia, avião a hélice, porém, robusto. Automaticamente fantasiei que as aeronaves seriam as mesmas; nem me ocorreu perguntar.

Qual não foi, pois, minha surpresa horrorizada, quando o ônibus que circula na pista de Congonhas, deixa a mim e a mais seis passageiros na porta de um minúsculo aparelho voador. Minúsculo *mesmo*. O povo chama-o de teco-teco, mas prefiro nome mais sugestivo e realista: um tico-tico.

Não tenho maiores fobias ou terrores com aviões. Tenho o medo dos que não têm medo, ou seja, não percebo conscientemente que tenho medo, mas, quando desço do avião, a musculatura está contraída.

Porém, frente à perspectiva de um tico-tico, falando francamente, tremi de medo e o jogo ambivalente "coragem-covardia" desceu-me todo: vai-não vai; sobe-não sobe; perco o simpósio, economizo nos medos. Ou o contrário?

Quem decidiu a parada foi São Pedro. Um início de manhã radiante, céu de azul absoluto, nenhuma farpa branca, nenhum vento. Tranqüilizado subi a bordo, se é que tico-tico tem bordo.

Acomodamos-nos: eu, os seis passageiros e uma aerovelha, que nos dá as boas vindas e informa que o tempo de vôo será de uma hora e quarenta minutos.

Minha poltrona (?) era a 1B, primeira fila, corredor. Na 1A, a meu lado, senta-se uma freira à antiga, longo e cerrado hábito branco. Italiana. Logo vi que era sua primeira viagem aérea; não parava de falar. E fazia previsões catastróficas que, em seguida, contraditoriamente, me pedia para exorcizar. *O avião é 'sicuro', non é!? Não tem 'perícolo', non é!?*

Com quinze minutos de um vôo admirável, tranqüilo e sem sacolejos – sensação de tapete voador – a freira aquietou-se. Logo entendi por quê. Havia feito boa troca: trocou-me por Deus. Passou a Ele as tarefas protetoras. Puxou um rosário e ancorou suas inseguranças em infindáveis Pais-Nossos que dizia, como certos trechos de ópera, *a boca chiusa.*

Mas, quer porque as preces da minha freira não fossem assim tão convincentes, quer porque Deus não estava de plantão naquele dia, o fato é que não atendeu aos rogos da madre. Encontramos, vindo em sentido contrário, uma tempestade das boas. *Das boas*, amigo leitor.

Começou com solavancos duros quando passávamos por grandes blocos de nuvens. Não causaram grandes estragos; apenas impediram o "serviço de bordo".

(E, devido a este impedimento, jamais ficarei sabendo se tico-tico tem bordo).

Depois vieram os ventos que puseram ao chão malas e sacolas do bagageiro. Depois ... bem, ... depois ... foi o inferno total. Aquela casca de amendoim, assoprada por todos os ventos, conseguia jogar para os quatro lados ao mesmo tempo. Principalmente para baixo, quando pegávamos os tais de vácuos, que nos traziam os intestinos à boca. Terrorismo da natureza.

A sensação de catástrofe iminente era horrível. Certo, certíssimo que aquela coisa insignificante iria se partir. Mas, o que nos estourou a todos, foi a excepcional duração do terror. Estivemos mais de 15 minutos – no relógio – naquele horror sem rumo, em pânico total.

Cada um reagia a seu modo. A reação mais curiosa foi a da freira. Vendo que Deus a traíra, desandou a xingá-Lo! Dirigia a Ele os maiores impropérios. E voltou a me atribuir as funções Dele.

Assim estávamos: a comissária desdobrava-se em distribuir saquinhos para os vomitadores, a madre xingava Deus, e eu ... eu ... agarrava-me a uma idéia absurda, mas de ótimo poder alienante: compunha na cabeça a conferência que iria dar, como se nada daquilo estivesse acontecendo comigo. (*Autismo voluntário*, é o nome que dou a esta eficiente defesa).

No auge da loucura geral, estoura uma situação individual. Um passageiro, executivo de 45-50 anos, sentado na parte traseira e que, aparentemente, estava se agüentando bem, levanta-se e corre em direção à porta do avião. A comissária, a primeira a perceber o gesto, atraca-se com ele. Lutam. De início não entendi nada, mas os movimentos do passageiro e os gritos de ajuda da comissária, fizeram-me entender que o homem tentava abrir a porta. *Queria jogar-se para fora do avião!*

Alguns dos passageiros, este escriba incluído, pulamos para cima do homem e, depois de algum tempo de agarra-foge-agarra, conseguimos fazer um bolo de corpos, sobre ele, de peso superior à sua força. Incrível: o homem pedia *"pelo amor de Deus"* que o deixássemos jogar-se para fora do avião.

Depois de debater-se por um tempo, sua mente "cortou a energia". Desmaiou. E assim, desmaiado, chegou à pista do aeroporto de Maringá.

Tirei dois aprendizados desse episódio da vida comum:

Primeiro: – a relatividade das coisas dinâmicas. Este homem, ao chamar para si **todo o medo**, tornou a nós outros, "corajosos". No pequeno aeroporto da Maringá de 1970, desceram oito valentes salvadores.

O segundo aprendizado foi o de criar melhor compreensão dos suicidas. No mínimo, não entendê-los como categoria: os suicidas. Os impulsos do homem que queria absolutamente jogar-se do avião tornavam claro, ao vivo e a cores, que eu deveria entender que há estados da mente *tão insuportáveis, mas tão insuportáveis, que **morrer é lucro**.*

No Tempo das Diligências (VIII)

8ª estalagem

Com semântica também se faz revolução

2005

NO FUNDO, NO FUNDO, somos todos revolucionários. Podem apostar, leitores: cada terráqueo tem na cabeça sua revoluçãozinha particular.

Gostaria de conhecer a estatística das fantasias revolucionárias dos leitores, mas não a conheço. Dou, então, a minha.

Na minha estatística, ganha de longe o modo "Robin Hood" de fazer revoluções. De longe. Talvez pela linearidade da concepção, talvez pela aparente facilidade de execução, talvez devido ao apelo que faz ao nosso "justiceiro" interno (edipiano?), o fato é que a fantasia de "tirar dos ricos e dar aos pobres" pega, fácil, o imaginário. No fundo, no fundo, somos todos Robin Hood.

Andei fazendo certas investigações sobre o fascínio exercido pela revolução "à la Robin Hood". Poderia ter economizado o tempo e os neurônios investidos na pesquisa: a explicação-compreensão estava na cara. Todos os investigados se colocavam no lugar dos pobres e, por decorrência, se imaginavam *beneficiários* de Robin Hood. Os bens iriam ser tirados somente "dos outros". Acreditem: até os podres de ricos raciocinavam assim.

Não ponho grandes esperanças nas revoluções «à la Robin Hood.» Nada contra. É que os Robin Hood de hoje logo se elegem vereadores.

Meu caminho para a revolução é outro: é a semântica. Inventemos palavras! Eliminemos palavras! Recuperemos palavras! Mudemos o sentido de palavras!

Minha primeira modesta contribuição à revolução semântica é a de eliminarmos os asteriscos. Sem aquelas estrelinhas de seis pontas (*), ficaríamos livres, por exemplo, das habituais ofertas na TV:

Promoção dos telefones **ESCURO!**

FALE MEIA-HORA COM SUA MÃE – NO **DDD** – POR
DEZ CENTAVOS (*)

Lá está o asterisco (*). Não falha. Depois de frases como esta, há sempre um asterisco. Em letrinhas ilegíveis, envergonhadas.

(*) Válido somente para ligações entre São Paulo e Xiririca da Serra, de ESCURO para ESCURO, de meia-noite a meia-noite e quinze, de telefone móvel para telefone fixo. Aos domingos.

(Mas, a compensar, temos o benefício da concorrência: os asterísticos podem não ser do ESCURO; aí são do MORTO).

Sem os asteriscos, também estaríamos livres das ofertas de carros nos jornais domingueiros:

COMPRE UM CARRO A JURO **0** (*)

Se não existissem os asteriscos, o juro seria zero. Já, com asterisco:

(*) Promoção válida para Ferraris e Rolls-Royces, entrada de 50% (um milhão de euros), saldo em 3 meses a juro zero. Para Gol e Palio, juros de 3,8% ao mês.

Haveria ainda outra vantagem num mundo sem asteriscos: nos contratos de financiamento com bancos, não haveria aquelas linhas finais, sempre depois de um asterisco, de letrinhas tão miúdas que ninguém conseguiu ler até hoje – se não contarmos o dono do banco. Você não as leu, mas não perderá por esperar: acabará descobrindo o que dizem as letrinhas. Quando atrasar o pagamento da prestação. Mas, aí é tarde; o banco já tomou a sua casa.

Mas, o M.S.R. (Movimento Semântico Revolucionário) não só elimina palavras; também as cria. Por exemplo:

O leitor certamente tem, no seu banheiro, a tradicional montanha de livros, jornais e revistas, sem a qual seu intestino não funcionaria. Tem, mas não tem nome para chamá-la. O companheiro Luciano Camargo tem: **cocoteca**.

Esta é ótima, não, leitor? Ganhou o prêmio MSR do ano!

Continuemos a revolução pela semântica:

Poderemos eliminar certas frases que, de tanto idealizar o ser humano, acabaram por se tornar mentiras deslavadas. Por mim, gostaria de eliminar a repetidíssima frase do barão – ou conde, ou marquês, sei lá – de Coubertin.

"O importante não é vencer; é competir".

É muita cara de pau!

Outro companheiro do M.S.R. – da ala mais politizada e radical, o M.S.R. **do B.** – propõe criarmos o nome, muito apropriado, aliás: **escravidão-democrática.**

Para termos algum jeito de designar a condição de cem milhões de brasileiros: escravos, mas com direito a voto.

O M.S.R. também sugere a eliminação, nestes tempos sem ideologia, dos muitos pares de nomes que perderam o sentido: capitalismo x comunismo; leste x oeste; ocidente x oriente; direita x esquerda. Hoje, só há uma única dupla verdadeira: civilização x barbárie. Nós é que sabemos: vivemos na barbárie.

O M.S.R. propõem-se, ainda, a recuperar genialidades semânticas produzidas no passado, mas que, por demasiado dolorosas de tão verdadeiras, foram convenientemente esquecidas. Por mim, recuperaria a pergunta que Millôr Fernandes fez, na época do movimento pelas "eleições diretas já":

PRA QUE ELEIÇÃO DIRETA PARA PRESIDENTE DA REPÚBLICA, SE NÃO HÁ ELEIÇÃO DIRETA PARA PRESIDENTE DA REDE GLOBO?

Falando em **genialidades semânticas**, informo aos leitores que os estatutos do Movimento contêm parágrafos específicos para premiar esforços que se fizerem na divulgação ampla, geral e irrestrita de **genialidades**, mas que só são conhecidas em círculos pequenos e limitados. Creio que esta aqui merece divulgação. É do meu pai.

Meu pai era realista. Não fantasiava, não sonhava, não devaneava, não idealizava. Não era azedo, nem pessimista profissional. Era realista.

Esta característica lhe trazia uma certa perspicácia que nós, fantasistas, perdemos nas idealizações. Saboreiem a seguinte sagacidade, que aparecia quando alguém repetia a ele o velho refrão: *em terra de cego, quem tem um olho é rei.*

"Seu" Donato fechava a cara e fuzilava o infeliz com seu duro realismo:

Em terra de cego, quem tem um olho ... é caolho!

O MSR **do B** propõe-se também a varrer dos dicionários vários *slogans* enganosos, mas que, por saborosos e eufônicos, continuamos a repetir. Eu, pessoalmente, adoraria eliminar um deles: aquele que é usado em defesa da crença de que é desejável que indivíduos – ou povos – atinjam graus máximos de degradação. Aí se rebelariam e lutariam por melhores condições. Os leitores conhecem o *slogan*: **Quanto pior, melhor...**

Todos os elementos do MSR, o escrevinhador incluído, constataram que o impulso à degradação é, nos humanos, infinito. Não há patamar abaixo do qual a regressão não desce mais. Viramos bicho. **Quanto pior, pior...**

O MSR **do B** propôs, em sua última reunião, que seja proibido – por decreto municipal – chamar-se os bairros miseráveis da periferia de Jardins: Jardim Miriam, Jardim Ângela, Jardim Santa Rita.

Exaustivamente vistoriados pelos diretores, todos estes Jardins, a única coisa que não encontraram foi: jardins!

Disse acima que o nosso Movimento não só pretende criar e eliminar, mas pretende, também, recuperar nomes antigos e honestos, que foram substituídos por outros, elegantes e enganosos. Aliás, os leitores devem ter se apercebidos que há em curso uma verdadeira "indústria de nomes elegantes", a disfarçar velhas safadezas. Dois deles são tão particularmente enganosos que até me encantam pela capacidade que têm de enganar jovens e desavisados:

Aquele que batiza de "neoliberalismo" o manjadíssimo "capitalismo selvagem", e o que nos faz engolir o "imperialismo" e o "colonialismo", agora como "globalização".

Também desejo fazer minha contribuição ao MSR, eu que sou chegado a contradições e a nonsenses: que se crie o Partido Republicano Monárquico de Esquerda. Que tal?

Por unanimidade, os membros do MSR **do B** propuseram que seja abolida do léxico a palavra *democracia*, quando usada em contextos em que se fala do Brasil. Não combina. Excluem-se mutuamente.

Os membros do MSR **do B** usam argumentos elementares, simples como bom-dia, irrespondíveis.

Democracia é o regime político-social *do povo, pelo povo, para o povo.*

O que quer dizer que são regimes identificados com os interesses e com as escolhas da maioria da população. Com os interesses gerais. Nada mais avesso ao conceito de democracia do que a defesa dos interesses de minorias, ainda mais das minorias privilegiadas.

Agora vejam:

Se fizermos uma pesquisa por voto (plebiscito) com 180.000.000 de brasileiros, indagando:

– *Você concorda com a exibição de sexo explícito e com as aulas de maldades gratuitas na televisão? Particularmente com sua exibição, tão freqüente, na Sessão da Tarde?*

Todos os leitores sabem que o resultado será:

5.000 – Sim

179.995.000 – Não

No entanto, eles continuam a ser exibidos, como se 180 milhões – perdão, 179 milhões e 995 mil brasileiros – apoiassem, entusiasmados.

Democracia???

E já que estamos com a "massa-na-mão", que tal aproveitar o plebiscito para perguntar, particularmente aos homens:

Vocês concordam com a realização dos jogos importantes – como os do Corinthians e da Seleção Brasileira – às 10 horas da noite?! Às 22 horas?!

Só para não fazer concorrência com a novela das 8 da Globo!!!

Você que levanta às 7 – talvez às 6 horas – e foi dormir, depois do jogo, às 2 da manhã, pode responder: como isso interfere com seu dia de trabalho? Perde dias? Chega atrasado? Dorme em cima do torno?

Democracia... democr... dem...

Guardei para o fim a mais preciosa das revoluções semânticas. A jóia da coroa. Contribuição de meu genro Zeca, Doutor Zeca – eficiente médico alergista. Ele propõe iniciarmos a revolução pela semântica, eliminando a expressão: "pontos isolados". É que chove muito nos "pontos isolados". O lugar do mundo onde mais chove.

É só ver os boletins meteorológicos:

*"Pela manhã tempo bom, quente, nuvens esparsas, à tarde chuva **em pontos isolados**".*

Só chove nos benditos "pontos isolados"!

Fique esperto, leitor: antes de comprar sua casa, verifique se ela não se localiza em algum **Ponto Isolado**!

No Tempo das Diligências (IX)

9ª estalagem

Ah! Esta falsa cultura!!!

2005

Ah! Esta falsa cultura!

No dia 5 de agosto último, recebi telefonema de minha filha Denise, a única das filhas a residir no mesmo bairro que eu, o Brooklin Paulista. Telefona para prestar-me gentileza: comunicar que se inaugurara, aqui no bairro, uma locadora de livros.

Leitor incorrigível, logo me interesso e reservo algum horário livre já na manhã seguinte, um sábado. Dispenso o carro, a pequena distância não justifica. Afinal, trata-se apenas de percorrer uma parte da Península Ibérica (avenida Portugal) e cruzar três estados norte-americanos: ruas Nova Iorque, Indiana e Califórnia.

Chegando, constato aqueles sinais típicos de lojas recém-instaladas: nenhum cliente, pouca mercadoria, balconistas solícitas demais. Uma senhora, com ares de proprietária, oferece-se para me orientar sobre títulos e autores. Declino dos ensinamentos, e peço licença para dar um vistaço geral de olhos, antes de me decidir por alugar, ou não, algum livro.

A primeira prateleira tem a etiqueta: POLICIAIS. Cheia pela metade de inúmeros Sherlocks. A seguinte – etiqueta RO-MANCES – está mais gorducha. Sigo em frente: RELIGIÃO, AUTO-AJUDA, ESPIRITISMO.

A última prateleira vem debaixo de etiqueta inabitual em locadoras: CULINÁRIA. E tem somente dois livros de "culinária": *Receitas de Dona Benta* e *O Banquete*, de Platão!

No Tempo das Diligências (X)

10ª estalagem

Homens Inteligentes; Escolhas Insensatas

2005

ACREDITE LEITOR AMIGO: é duro este ofício de escrevinhador. No tempo em que era médico, somente médico, as coisas eram bem mais fáceis.

Vejam a enrascada em que estou metido:

Tenho uma historinha deliciosa, de humor inexcedível, perfeita para contar um conto. Acontece, no entanto, que o humor da dita história está todo contido nas duas linhas finais. E daí decorre que, se eu contasse somente as duas últimas linhas, o humor seria incompreensível e só desperdiçaria o relato.

A única saída esperta, os leitores sabem, é "criar contexto" (que o povão, mais esperto ainda, difícil de ludibriar com sutilezas semânticas, chama de: "encher lingüiça").

Ora, encher lingüiça com classe, ou, se preferirem, "criar contexto", é tarefa das mais difíceis de realizar. Sei que não tenho competência para tanto. Mas tenho um consolo: saber-me bem acompanhado. De todos os escritores que conheço apenas um – um único – sabe encher lingüiça com graça e elegância. Com tanta graça e elegância, que a lingüiça nem parece lingüiça. Não precisa sequer de enredo.

É Machado de Assis. (E, a demonstrar que "criar contexto" é fruto de duro aprendizado – e não dom ofertado gratuitamente pelos deuses – só o Machado das últimas produções, só o "velho" Machado é quem sabe produzir lingüiça de primeira). Dom Casmurro, por exemplo, não tem verdadeiramente um enredo, é romance feito só de lingüiça. No entanto, lava a alma. Os outros bons contistas além dos brasileiros – os russos – não sabem encher lingüiça. Precisam de enredos dramáticos, de personagens trágicos, sempre vivendo situações-limite. Eles nos pegam na emoção; não no arroz com feijão. Veja-se Tchekov. Isto para não "apelar" e recorrer a Leon Tolstói e Dostoievski.

Ficamos assim, portanto: os leitores sabem que esta 10ª Diligência é feita só de lingüiça enchida. Mas, sabem também que a lingüiça foi necessária para "criar contexto" às duas linhas finais.

Quando fui residente no Hospital das Clínicas, nos idos de 1955, a marca registrada da Residência era ... a residência. Morávamos no hospital; vivíamos no hospital. Dia e noite. Duas folgas de doze horas por semana, uma de dia, outra de noite e, olhem lá, raramente consecutivas, quase nunca aos sábados e domingos, dias em que, pela ausência de docentes, o hospital ficava em nossas mãos. Residente... era residente.

Os leitores jovens que, hoje, contemplam aquele diversificado "complexo hospitalar", sequer imaginam que o

Hospital das Clínicas daqueles tempos era justamente... pouco "complexo". Nu, pelado. Nada mais do que os dez andares do Edifício Central (onde se localizavam todas as clínicas, menos a Ortopedia – a única com edifício próprio) e o prédio da Psiquiatria, em fase final de construção, funcionando em meio a encanadores, pedreiros e pintores.

E era tudo. Ou quase tudo, pois havia, a serem devidamente consideradas, as famosas estacas da Maternidade.

Há alguns anos, colocara-se a pedra fundamental da Maternidade. Não peguei a cerimônia da pedra; não era ainda aluno da Faculdade. Mas estava no primeiro, talvez segundo ano, quando chegaram as grandes máquinas, e os homens enterraram as estacas. Enterraram as estacas e... foram embora! Nunca mais apareceram. Ficaram as estacas. (À boca pequena dizia-se que a Maternidade ficara nas estacas porque o "peso político" do professor de Obstetrícia era insuficiente, e perdeu para o "peso" do professor de Psiquiatria). Mas nós os alunos, gozadores-sérios que éramos, instituímos, em represália, a cerimônia de "regar as estacas", cerimônia-símbolo das nossas esperanças na construção de uma maternidade-escola. Uma vez por ano, armados de baldes, baldes e mais baldes, aguávamos as inúteis estacas. Quem sabe... ?

Mas, pelo visto, também foi insuficiente o "peso político" dos nossos baldes. Por isto, apesar de ter regado as estacas por esforçados seis anos, não há nenhuma Maternidade no grande "complexo".

102   Oswaldo di Loreto

Não existindo, pois, prédios próprios para localizar os, hoje, Institutos – Instituto da Criança, do Coração, das Moléstias Tropicais, Ambulatórios, etc; etc; não poderia haver, nem pensar, prédio próprio para alojamento dos residentes. Morávamos no quinto andar do Edifício Central, a vinte metros dos ambulatórios e, se tanto, a cinqüenta metros dos leitos dos pacientes internados nas enfermarias. E assim, por estarmos muito à mão, estávamos sempre de plantão.

O alojamento dos residentes era uma entidade perfeitamente medieval: dividida por castas. A aristocracia – residentes de 3º e 4º anos – residia em poucos quartos de dois leitos; a burguesia, em quartos de quatro leitos, e o rude proletariado – na maioria residentes de 1º ano – num "quartão", espécie de enfermaria SUS, forrado de beliches.

Cheguei a freqüentar a aristocracia. Nos meses finais da residência, dividia um privilegiado dois-leitos com o, hoje emérito cirurgião, Dr. Okumura. Mas, nos tempos de residente-noviço, tocou-me o "quartão".

Está aí o "contexto topográfico"; a localização geográfica. Que é importante para a nossa história, pois ela se passa toda no quartão.

E os leitores verão, agora no "contexto humano", que as cenas que se passavam no quartão são as provas mais evidentes de que se trata de puro e odioso preconceito, *atribuirmos às mulheres* a vocação para escolhas insensatas. Pois, em verdade vos digo, caros leitores, que, lá no quartão, no beliche bem ao lado do meu, dormia *um homem* vocacionado para escolhas insensatas.

Era residente, já se vê. E era o tipo mais conhecido e notório da Residência. Não havia quem o não conhecesse. Famosíssimo. Por duas características pra lá de marcantes:

Primeira – Tinha um nome de batismo estrambótico. Mas tão estrambótico que, já pelo nome, tornava-se um ser único. Único na Residência, único no Hospital, único na cidade de São Paulo; nos brasis, no planeta.

Chamava-se Zabedeu. Doutor Zabedeu.

A segunda característica do nosso Dr. Zabedeu, é que ele era inacordável. Absoluta e definitivamente não-acordável.

Os leitores pensam que, sendo inacordável, Dr. Zabedeu tenha tido a sensatez de escolher qualquer especialidade que lhe permitisse dormir as oito horas do sono dos justos, sem intercorrências, sem interrupções? Gênero Dermatologia!? Tipo Radiologia? Qual nada! Dr. Zabedeu, insensatez das insensatezes, escolheu ser cirurgião!!! Para mal de todos os pecados: cirurgião geral!

Não somos muitos, em 2005, os ex-residentes de 1955 que já não dormem o sono eterno. Mas, sejam quantos forem os que ainda cá labutam no pesado "ofício de viver", nos lembraremos, todos, das impossíveis cenas do único "ofício" mais pesado que o de viver: acordar o Dr. Zabedeu!

Em geral as cenas aconteciam lá pelas duas, três horas da madrugada.

Vinha o enfermeiro:

– *"Dr. Zabedeu! Dr. Zabedeu!!! O paciente do leito 5 está com febre. Alta"*.

Os que dormíamos nos beliches próximos, acordávamos. Menos o Dr. Zabedeu, lógico. Era inacordável. Em seguida, vinham infinitas chamadas, em intensidades crescentes – que acordavam o quartão inteiro, menos, é claro, o próprio. Depois de incontáveis chamadas, Dr. Zabedeu ligava um neurônio, um único, e gastava a primeira desculpa para proteger seu sono:

– *"O leito 5 não é meu!*

O enfermeiro, velho de guerra, retrucava paciencioso:

– *"O leito 5 é seu, sim, doutor. E o paciente está com febre"*.

Depois, vinha a segunda linha de defesas:

– *"O paciente do leito 5 já foi pra casa de alta"*.

E assim íamos.

Por mais um tempo, Dr. Zabedeu ainda pegava leve:

– *"Transferi o paciente do leito 5 para a Clínica Médica"*.

E o enfermeiro

– *"O paciente do leito 5 continua na Clínica Cirúrgica, Dr. Zabedeu! E está com febre"*.

Não vou reproduzir os infinitos argumentos que o Dr. Zabedeu tinha no infinito estoque de defesas do seu sono. Escreveria um Tratado. Basta dizer que, já no fim, ele pegava pesado, e, quando pegava pesado, todos sabíamos que era sua **penúltima defesa**:

– *"O paciente do leito 5 morreu. Atestei o óbito hoje de tarde!"*

O enfermeiro, velho de guerra, sabia que esta era a defesa mais deslavada, e ria gostoso: *"qual nada, doutor. O paciente do leito 5 está vivinho da silva; só tem febre"*.

Mas nós, os demais habitantes do quartão, que conhecíamos de cor a seqüência das defesas, nos colocávamos todos alertas, no plantão do plantão, porque sabíamos que, depois que pegava pesado, viria a última, a mais desesperada das suas absurdidades defensivas.

Sim amigo leitor! O herói desta diligência era insensato, não há como negar, mas, entre os insensatos, era o mais criativo!

Um sujeito que se chamava Zabedeu iria, por fim, realizar a inacreditável façanha de agarrar-se à esperança de que houvesse inúmeros Zabedeus na Residência. E que o enfermeiro chamava o Zabedeu errado!!!

– *Dr. Zabedeu! Dr. Zabedeu!*

– *Zabedeu de quê?*

No Tempo das Diligências (XI)

11ª estalagem

Terror com nome

2005

TERROR COM NOME

NÓS, OS VELHOS, pensamos demais a morte. Mais do que deveríamos; muito mais do que gostaríamos. Nada de estranho nisto: pela proximidade, a idéia se impõe à mente. Menino, quando estava para conhecer o mar, pensava muito nele.

Mas, apesar de pensarmos tanto, nós os velhos pensamos a morte com pensamento defeituoso. Recentemente, descobri dois defeitos:

Primeiro: pensava a morte como momento grandioso para quem morre, até, talvez, solene. Engano. É momento pequeno, vulgar. Eu, por exemplo, morri numa estação de Metrô. Estação São Judas. Foi na última quinta-feira.

O segundo erro: pensava a morte como um acontecimento unitário, monobloco. *Morri*, ponto; *não morri*, ponto. Engano: é acontecimento fragmentário. Eu mesmo morri, de início, somente oito décimos (8/10) de uma morte (ou de uma vida).

Foi a seguinte, a estória dessa minha morte:

Sou daqueles paulistanos que pouco andam de metrô. Quase nada. Na verdade, só tomo o metrô uma vez por mês. De São Judas à estação Tietê.

No entanto, apesar de utilizá-lo somente uma vez por mês, faço essa viagem regularmente, sem faltas ou falhas, há doze anos.

Como os leitores podem imaginar, eu não fazia fila para comprar passagem, a cada vez que viajava. Comprava um **"múltiplo de 10"**; durava quase um ano. Coisa lógica para quem está vivo.

Há três meses, esgotado um "múltiplo de 10", entrei na fila para renová-lo e, enquanto esperava veio, pela primeira vez, a fantasia mortal:

"Dos dez, quantos bilhetes ainda terei tempo de usar?"

A fila estava longa, sobrou tempo para a tradicional luta entre as metades da mente:

— *"Leve os dez! Dá tempo! Pára de ser derrotista-depressiva!!!"*

— *"Pára você de ser onipotentona, a se julgar imorrível!!!"*

Não poderia continuar imóvel, estático, catatônico de tanta ambivalência, a olhar a cara espantada, mas exigente do bilheteiro. Pressionado, respondi sem pensar, inconsciente puro, respondi com uma pechincha. Fiz média em cima do muro:

— *"Múltiplo de dois!"*

Mas, como em cima do muro é posição instável, e as médias duram o mesmo que duram as rosas de Beaudelaire, dois meses depois, lá estava eu novamente na fila. Enquanto aguardava minha vez constatei, até com certa alegria, que nós, os velhos realistas, alcançamos pela simples condição de velho, o estado de graça que os psicoterapeutas procuram por disciplina: ter a mente ligada só no *aqui* e no *agora*.

Nesse momento, se impôs clara e definitivamente a impossibilidade de o velho fantasiar em perspectiva, fantasiar *para frente* e, com toda convicção, seguro, estendi os R$ 2,10:

– *"Bilhete unitário!"*

E foi assim, dessa *causa mortis* comum – perda da capacidade de colocar algum futuro no presente – que, na última quinta-feira, morri os 2/10 que faltavam!

No Tempo das Diligências (XII)

12ª estalagem

Relato de um caso de regressão aguda, e de seu incrível desfecho

2006

QUANDO CHEGUEI À PSIQUIATRIA – e isto tem exatos 50 anos – a cultura-psi da época obrigava a classificar a regressão como uma patologia. Ou, dizendo de melhor modo: obrigava a considerá-la sintoma. O que quer dizer: um indicador de patologia.

Porém, como o que não falta neste mundo é gente de boa cabeça; logo logo elas, as boas cabeças, começaram a se tocar e a autocriticar a linearidade da concepção. Pouco a pouco – ou como dizem, deliciosamente, os franceses: "pequeno a pequeno" (*petit à petit*) – as idéias foram melhorando e chegou-se ao pensamento de hoje, mais dialético, em que a regressão é entendida, ao mesmo tempo, tanto como sintoma, quanto como defesa. Ou, dizendo novamente de melhor modo: é entendida como "mecanismo próprio da mente", um recurso funcional. Recurso que a mente possui, e que pode servir às funções de defesa. Uma defesa, digamos assim, de funções assemelhadas à dos amortecedores nos automóveis.

(De tanto ler Dr. Freud, acabei por adquirir um de seus hábitos: o uso do método das "aproximações sucessivas". Quando não consigo, de saída, formular uma concepção *geral, complexa e abstrata* de um fenômeno mental, habituei-me a usar o recurso de compará-lo com o corpo e com as **máquinas**, entes mais *simples, restritos e concretos*. Dado, porém, que: qualquer máquina que tenha existido, exista, ou venha a existir tem o seu equivalente na mente humana, acho o seu uso tolerável. Tolerável e perigoso: o perigo é, justamente, o risco de regressão! Ficar regressivamente preso ao atraente modelo *simples, restrito e concreto* das máquinas, e esquecer – ou não conseguir? – retornar à mente em termos *gerais, complexos e abstratos*. Que são mais evoluídos, evidentemente, mas muito mais trabalhosos. Dr. Freud sempre voltava a re-abstrair; podem os leitores estar seguros que me esforçarei por seguir-lhe os passos).

Quando uma parte da mente – ou dos automóveis – "toma um tranco", se ela não tivesse recursos do tipo "amortecedor", reagiria do seguinte modo: rígido *versus* rígido, duro contra duro, o que acarretaria evidente risco de ruptura. Mas, nem os automóveis nem as mentes deixam isso acontecer. Possuem sistemas plásticos, que se expandem e se contraem e, ao se deformarem, absorvem o choque, absorvem o "tranco". Muito esperto.

Agora, se nos perguntarmos: – *qual o curso que a contração e a reexpansão podem seguir?*, só encontraremos uma resposta: o curso determinado pelo próprio eixo. Nos amortecedores, esta razão fica evidente: é por isto – e para isto – que os amortecedores são peças compridas, telescópicas, com um longo eixo.

No caso da mente, a resposta também não é lá tão difícil assim: o único eixo que a mente possui é o dado pela linha do tempo. Não há mais nada longitudinal que possa funcionar como eixo.

Consideremos, pois, a linha do tempo.

Não podendo se projetar para o futuro – isto seria considerar o homem possuído por mente absurda (ela é mágica, mas não absurda), se o presente for insuportável, só resta a alternativa de voltar ao passado. Ao passado pessoal, ontogênico. É intuitivo: voltar ao próprio passado é o único caminho que a mente possui, que não leva à despersonalização.

(Sou freudiano "de caderneta". Sendo assim, não considero válidas outras alternativas. Por exemplo: volta a vidas passadas. Às "vidas passadas", ou qualquer outro destino, que não seja o retorno ao material ontogênico).

Sintético: a regressão é regulagem de uso constante e habitual que permite utilizar, no presente, matéria-prima psíquica contida no passado. E criar estruturas mais evoluídas, se houver competência para tanto. No fundo, no fundo, uma possibilidade de resgate.

Sendo a construção e reconstrução da mente um choque eterno e perpétuo – rigorosamente, *do primeiro vagido à última sororoca* – entre impulsos evolutivos e impulsos regressivos, a regressão não poderia estar de fora. Sem seu oposto, a mente ficaria manca.

O melhor palco de onde se pode observar a regressão ser usada como defesa é a vida comum. Nem tanto na *psicopatologia da vida cotidiana*, mais na *pequena psicologia da vida cotidiana*.

De vez em quando, tenho uma vontade danada de comer alguma coisa doce. Em momentos de realidade pesada, me pilho recuperando os modos mágicos de pensar dos quatro anos. Ora estou, junto com Ítalo Calvino e seu Cavaleiro Inexistente, vencendo sarracenos e salvando o Santo Graal; ora na África, derrubando alguns leões. No braço. Mas sempre termino por fazer com que Sofia Loren, ou, se, por qualquer infeliz impedimento esta não estiver disponível, consigo que, no mínimo Marylin Monroe se apaixone perdidamente por este humilde marquês. Satisfaço-me com as magias durante alguns minutos, e pronto! Já estou abastecido de confiança em mim mesmo, o suficiente para enfrentar mais um pouco de realidade. E, nos dias em que acumulo mais fracassos que sucessos, o banho noturno é decididamente mais demorado, a água mais quente, e, para narcizar centímetro quadrado por centímetro quadrado de pele: – *eu me amo! eu me amo! oh! como eu me amo!"* custa-me um sabonete inteiro.

E nem é tão raro assim, eu me flagrar acordando em posição fetal.

Nas crianças, as regressões são muito visíveis; elas passam tudo para o comportamento.

Quando crianças ganham um precioso irmãozinho, muitas voltam a urinar na cama, algumas a falar tatibitati e outras querem voltar a mamar no seio materno. (Se bem que, no caso deste último exemplo, tenho pouquíssimos casos de "voltar a mamar" realmente. A maioria chupeteia um pouco o bico, algumas lambidas, estamos conversados, e voltemos ao honesto arroz, feijão, bife e mandioca frita).

Há regressões monumentais. Conto um exemplo: quarenta anos atrás saímos um grupo para excursão, que pretendia ser recreativa. Os participantes eram todos adultos, nível universitário, espertos, o mais tolo "comia sopa de garfo" (ou *"de galfo"*, como queria Adoniran). Entramos numa enrascada, deu tudo errado, acabamos numa situação de muito medo. Muito medo mesmo. No auge agudo do medo, um de nós não se agüenta e deixa escapar, contrito, o famoso grito primal: *mãe, mãnhêêê!* Quantos anos ele tinha naquele momento? Ou quantos meses?

Há, pois, regressão pra todos os gostos e para todas as necessidades: as que se instalam e deixam cicatriz (obviamente mais patogênicas), e as que duram um tempo, que até pode ser curto, e o indivíduo volta ao seu habitual. Volta, ou mais crescido ou mais regredido ainda, conforme tenha, ou não, competência para faturar a experiência.

As regressões monumentais são ligadas a experiências agudas, de insuportável ansiedade.

Disponho-me a relatar o caso de uma regressão agudíssima. Em vinte segundos – eu disse *segundos* – regrediu 13 anos: tinha 19; voltou aos 6.

120   Oswaldo di Loreto

Consideremos, inicialmente, a experiência que gerou a insuportável ansiedade. Havia nela dois componentes:

Primeiro: o nível brutal de ansiedade que acompanhava os vestibulares na década de 1940.

Existiam somente duas faculdades de medicina em todo o estado de São Paulo, ambas na capital. E, para mal de todas as desgraças vindas da tensão, era proibido – proibidíssimo – prestar vestibular nas duas, num mesmo ano.

Os vestibulares dos anos 40 regiam-se pela Lei do Tudo ou Nada: havia que arriscar **todas** as fichas, ou nas 60 vagas da Escola Paulista, ou nas 80 da USP. E quem não estivesse satisfeito que fosse para Nova York, Viena ou adjacências. E, aos não-aprovados, boa noite, até o ano que vem, venha arriscar novamente, ou nas 60 vagas da Paulista, ou nas 80 da FMUSP.

Os leitores por certo concordarão que os dissociados sistemas regidos pela Lei do Tudo ou Nada são os mais tensos e energizados a existir na face-psi do planeta. Se não acreditarem, perguntem aos recém-nascidos, ou às crianças que estão no segundo ano de vida. São do ramo; especialistas. (Em tempo: podem perguntar aos adolescentes. Também são do ramo).

A acrescentar mais outro bom tanto de tensão, havia o fato de as provas **não serem feitas** pelo método de: *"escolha entre múltiplas alternativas"*, as ditas cruzinhas. No lugar das cruzinhas, realizava-se prova escrita, três questões dissertativas (redigidas necessariamente em "português castiço e nobre"; quem assassinasse o léxico, já ficava por aqui). E os que fossem aprovados no escrito, enfrentavam uma prova prática oral, cara-a-cara com os examinadores. Assim, sem as cruzinhas e com a cara-na-cara, não havia possibilidade de "chute". Ou se sabia, ou não se sabia. Lei do Tudo ou Nada.

Num ponto, porém, os vestibulares eram, são, e continuarão sendo invariáveis: recebem candidatos solidamente preparados, aqueles que vieram de ginasial e colegial caprichados, ouro velho, e muitos candidatos que flautearam o colégio e o ginásio, e desandaram a estudar desesperadamente nos últimos meses. Novos-ricos do conhecimento. Um conhecimento adquirido à força, ao custo de madrugadas e madrugadas insones. Alguns destes, em geral muito inteligentes, até conseguem entrar nas grandes faculdades.

Mas...pagam seu preço: terminam o vestibular estourados.

A nossa turma, a que entrou em 1949, não podia deixar de ter o seu contingente de novos-ricos. Uns três ou quatro. E todos tinham a cabeça estourada.

Aqui, exatamente neste ponto, entra o segundo fator a gerar a ansiedade insuportável, aquela ansiedade que pode obrigar à regressão. Que é o seguinte: a disciplina mais difícil, mais extensa e mais exigente de todo o curso médico ocorria no primeiro ano, *e se iniciava logo após o vestibular*. Era a Anatomia. E a tornar este primeiro ano loucamente ansiógeno, o professor de Anatomia, Renato Locchi, era o mais severo, meticuloso e exigente de todos os professores. Usava argumento irrespondível para suas exigências:

– *Compreendo que um médico possa não saber mil coisas; mas não posso compreender que não conheça o fórum onde tudo acontece, o corpo.*

Os leitores não-médicos jamais poderão imaginar a quantidade de saliências, cristas, depressões e buraquinhos que têm os ossos! Nem sonham com os trajetos sinuosos, com as curvas e volutas que fazem as veias! Pois bem, Renato Locchi não deixava por menos: havia que se saber cada um destes detalhes. Nome, sobrenome, relações de vizinhança – os órgão que ficam ao redor do trajeto – e tudo o mais de direito.

Ensinava Anatomia como se todos fossem se tornar cirurgiões!

Sintético: como não há raciocínios no aprendizado de Anatomia, a tarefa era a de traduzir e **decorar** um livro de 300 páginas, entre os começos de março e os fins de junho! E mais dois, entre agosto e novembro.

Evidentemente, esta é uma tarefa só acessível aos que estão com a cabeça em ordem. O que não acontecia com aqueles alunos que tinham passado os últimos meses a estudar dia e noite, os estourados. Estes usavam de um subterfúgio. Abandonavam a Anatomia durante um ano, recuperavam a cuca e deixavam para fazê-la no segundo ano, quando as matérias eram bem menos exigentes. Deixavam a Anatomia para a famosa "Dependência".

Imagino que a maioria absoluta de meus leitores seja constituída de pessoas que freqüentaram faculdades. Sabem, portanto, que é nas primeiras semanas do 1º ano, que se testam as afinidades e as ojerizas, as compatibilidades e as incompatibilidades entre os alunos. E sabem que, deste jogo, resultam as famosas "panelas".

Formamos a nossa panela: oito jovens, estudiosos e bem-humorados. Era proibido ser triste. Para pertencer à nossa panela, os únicos requisitos exigidos eram: ser bom aluno e ser gozador-irreverente. Iconoclastia total!

Pois bem, em nossa panela, havia uma cabeça estourada.

Freqüentou o laboratório de Anatomia por alguns dias, tentou estudar em francês (com o Tratado do Testut), comigo experimentou em italiano (eu estudava no Chiaruggi), mas a cabeça não respondia. Em 15 minutos estava aéreo, divagando, perdido. Tomou a atitude correta: deixou a Anatomia para Dependência e foi pras piscinas, pro bilhar, pro pingue-pongue, para as meninas e para as outras matérias do primeiro ano, mais "maneras". E, nas piscinas, no bilhar e na paquera às minas, passou todo o primeiro semestre.

Os leitores do ramo psi sabem que dona Melanie Klein bota a inveja no seu devido lugar.

Pois, analisando os episódios que narrarei a seguir, de uma perspectiva de 57 anos, só posso concluir que foram as danadas das invejas inconscientes – inveja das piscinas, do bilhar, das minas e demais mordomias que nosso amigo desfrutava, enquanto nós arruinávamos os brônquios com o insuportável cheiro de formol, exalado pelos cadáveres – foram as invejas que nos levaram a pressioná-lo para cometer a maluquice de, analfabeto total, prestar exame de Anatomia no fim do 1º semestre. Com Renato Locchi!!!

Para todos os efeitos oficiais – os bem conscientes – estávamos sendo amigos, "mui amigos".

(Sabia o que dizia quem disse: *Deus me livre dos amigos, que dos inimigos me livro eu*).

– *"Veja lá, Adamastor* (digamos que se chamava Adamastor). *Por que deixar a Anatomia arruinar o seu segundo ano? Pense: alguma nota sempre se ganha com a simples presença. Com um pouco de sorte, você tira um ponto fácil, os músculos do braço, por exemplo. Bíceps, tríceps, todo mundo conhece. Obtém uma nota 4 – talvez até um cinco – estuda no segundo semestre, salva o ano, e **não se separa da panela**! Vamos lá, Adamastor!!!*

Coitado do Adamastor! Entrou na nossa. E porque devia ser este também o seu fundo desejo... juntou-se a fome com a oferta de um ilusório banquete...

Para chegar ao ponto onde ocorre a crise regressiva do pobre Adamastor (nesta altura, os leitores já desconfiaram que nosso herói regressivo era ele), para chegar à crise, dizia, só me falta descrever o exame prático de Anatomia feito por Renato Locchi. Que é um capítulo à parte. Por si, já mereceria uma Diligência.

Renato Locchi era a pessoa mais séria, contida e recolhida de toda Faculdade. Só o vi sorrir uma única vez; no dia da nossa formatura. Pouco dado a expansões, talvez tímido, quando andava só olhava para baixo – de fora, parecia que vigiava a ponta do sapato. A seriedade feito pessoa. Vivia somente para ensinar Anatomia. Foi o professor mais dedicado que tivemos.

Mas, nos **exames práticos**, ele se permitia seus 15 minutos de glória. Transformava-se. Outro Renato Locchi. Histriônico, extrovertido, atento a tudo, falava alto dirigindo-se à platéia. E platéia era o que não lhe faltava. Além de nós próprios do primeiro ano, os veteranos do segundo – que recém haviam passado pelas mesmas penas – vinham em peso sadicar os calouros. O anfiteatro de 80 lugares estava sempre repleto.

E quando correu, a boca pequena, por toda a Faculdade, que um calouro analfabeto, analfabeto total, iria ousar comparecer ao temido e sagrado exame prático de Anatomia... com Renato Locchi!... o anfiteatro vazava gente pelo ladrão.

As peças anatômicas – braços, pernas, ossos – todas dissecadas especialmente para o exame, ficavam numa mesa, ao lado daquela onde pontificava Renato Locchi.

Chegou a vez do nosso Adamastor. Estava amarelo. Ou, talvez, seja mais exato dizer que estava patriótico: verde, amarelo, azul e branco. Relembrado a uma distância de quase 60 anos, parece-me que negaceou um tanto para se levantar da carteira. Deve ter sido, neste momento, que tomou consciência "insaitizada" do que estava cometendo. Nós também.

Abriu a caixinha dos pontos, tirou um papelzinho e entregou para Renato Locchi. Que leu em voz alta: **Forames da base do crânio**!

Decididamente os deuses jogavam Freud-contra! O pior dos pontos! Mesmo os alunos bem-preparados, até eles sangrariam a última hemácia com os forames da base do crânio. E Adamastor, que nem sabia o que eram forames! Seriam veias? Seriam nervos?

(Forame é o nome anatômico para orifício. *Forames da base do crânio* são, pois, os orifícios por onde passam os nervos, vasos e demais órgãos que vão do corpo para a cabeça, mais os que vêm em sentido contrário. São dezenas, e havia que saber o nome de cada um, e seus conteúdos. Realmente difícil).

E Adamastor, que nem sabia o que era um forame!

Disse, logo acima, que nos exames práticos, o contido Renato Locchi tornava-se teatral. O auge da dramaticidade acontecia quando, sorteado o ponto, ele segurava a peça na palma da mão, estendia o braço até a poucos centímetros do nariz do examinando, e fazia uma pergunta redundante, retórica, desnecessária, só pra criar efeito:

– *Que peça é esta?*

Adamastor deveria responder: – *É um crânio!*

Mas Adamastor não estava mais na sala de exame. Sua mente havia se retirado. Não poderia responder que aquela peça se chamava crânio.

Com o fator que gerava tensão aumentando: – *"Que peça é esta? Que peça é esta?"* – a mente de Adamastor corria sério risco. Havia ficado sem saída. Parecia uma bexiga de ar, em que você assopra e assopra. Se não se criar uma saída, ela implode. Fatal.

Todos sabemos que, na mente, a implosão se chama Psicose. Adamastor estava ameaçado de uma crise psicótica. Se não aquele Adamastor lá do anfiteatro, em pessoa (aquele tinha personalidade prévia bem-formada, sólida), certamente os milhares de Adamastor frágeis, ansiosos crônicos, à beira de crises. A mente deve prever, necessariamente, a existência de saídas. Uma saída possível, e freqüentemente usada, é a regressão.

Foi o que fez a mente de Adamastor. Iniciou um processo de varredura regressiva.

No nível de seus 19 anos, já sabemos que não havia nada que pudesse vir em seu socorro. A mente passou automaticamente para os 18. Nada!... Quinze: nada!... Onze: nada!... Oito; nada!... Sete: nada!

Porém, aos seis, havia um traço mnêmico, um resto de memória, de forte carga emocional. E de tema compatível com os interesses atuais.

Mas... Coitada da mente! Tem recursos para prover os mecanismos, mas não tem meios para garantir que seja boa a "qualidade" do tema recuperado. (Vai depender do que cada um tem, no passado, para oferecer ao mecanismo). E o que a mente de Adamastor tinha no passado para oferecer hoje aos mecanismos, como saída, era de péssima qualidade, desastradíssimo para servir aos interesses atuais.

O desastre era o seguinte: Adamastor havia freqüentado, aos seis anos, uma pré-escola com característica sinistra: tinha uma professorinha que adorava sadicar um aluninho travesso! E o jeito de sadicá-lo bem sadicado, era o de fechá-lo, por alguns minutos-séculos, numa sala escura onde havia, horrorizemo-nos juntos, um esqueleto pendurado. A "**sala da caveira**". Adamastor havia passado, aos seis anos, alguns séculos de pânico na "sala da caveira!"

Quando Renato Locchi, já um tanto exasperado, estendeu o braço com o crânio repousado na palma da mão e repetiu, pela enésima vez, a sua frase de efeito: *– Que peça é esta?*, – Adamastor, tendo agora uma saída que lhe permitia sair do tenso estado paralítico, sorriu um sorriso alvar, olhou a peça com olhar cheio de confiança e gritou, para espanto horrorizado de todos naquela sala:

– É uma caveira!

Renato Locchi não podia acreditar nas suas orelhas:

– O quê? O quê??? Que peça é esta???

Adamastor, do alto de seus seis anos repetiu, orgulhoso:

– É uma caveira!

Em trinta anos de cátedra, jamais Renato Locchi havia recebido tamanha afronta. Já tivera alunos mal preparados que tentavam disfarçar a ignorância com brincadeiras; já enfrentara muitos irreverentes, mas não esperava viver o suficiente para ver um aluno debochado, mas tão debochado, que, em plena Faculdade de Medicina da Universidade de São Paulo, na sua frente, ousasse gozar de sua cara chamando o sagrado crânio de: "caveira"! Não titubeou um segundo:

– *Ponha-se daqui para fora!*

E, ato contínuo, fechou seus cadernos e livros, deu os exames por encerrados, saiu da sala e foi direto para a Diretoria. Pedir a expulsão de Adamastor da Faculdade.

Adamastor, com seis anos, isolado e solitário, tendo como única companhia um esqueleto pendurado, não podia entender que falta cometera, para merecer tamanho castigo.

Só fazia repetir: – *Mas é uma caveira!...*

– *Mas é uma caveira!...*

No Tempo das Diligências (XIIa)

12ª estalagem - Conclusão

O "incrível desfecho" do incrível desfecho
(Conclusão do caso de regressão aguda)

2006

APÓS DIVULGAR meu último escrito: "Relato de um caso agudo de regressão", alguns leitores me procuraram para saber detalhes do "incrível desfecho". E estes toques verbais fizeram-me duvidar do acerto de uma decisão que tomei pouco antes de divulgá-lo: cortar todo o final do "incrível desfecho". Achei que estava um tanto espichado.

O alerta destes amigos fez surgir danada vontade de divulgar o trecho cortado. Aqui vai. Bom proveito.

Expulso – melhor, escorraçado – da sala, e com os exames raivosamente encerrados, fomos todos para o restaurante, no porão da faculdade.

Todos riam de doer o diafragma, menos nós, os da panela, bravíssimos que estávamos com o comportamento do nosso amigo, comportamento que não combinava com nosso estilo. Fazíamos irreverências; não maluquices. Éramos iconoclastas, não bagunceiros.

– *"Brincadeira tem limite, Adamastor!"*

– *"Que te deu na cabeça de ridicularizar Renato Locchi justo no exame?!"*

Quanto mais vinham as broncas, mais vidrados e opacos ficavam os olhos do nosso amigo. Quanto mais o reprovávamos, mais se acentuava o ponto de interrogação que ocupava o lugar onde deveria estar o seu rosto.

Começamos a desconfiar que acontecia alguma coisa diferente do que supúnhamos. E, quando um de nós, irritado, disse a frase:

– *"Não é porque você não estudou nada de anatomia, que não sabe que um crânio se chama crânio! De onde você tirou a idéia de chamar o crânio de **caveira**?!"*

Neste momento, Adamastor voltou aos 19 anos.

Quando disseram a palavra-chave – a consigna –, seu rosto perdeu o ar meio fora de sintonia que mantinha até aquele momento, e veio-lhe à consciência consciente, límpida, os episódios recém ocorridos na sala de exame de Anatomia. Quase desmaiou.

Em seguida, lembrou-se – **e nos contou, e assim ficamos sabendo** – do episódio ocorrido aos seis anos, do qual não se lembrava há mais de dez.

Foi também neste momento que corrigimos o entendimento que estávamos tendo do seu comportamento. Pensamos que, sendo Adamastor um dos iconoclastas – *nada é sagrado!* – e vendo-se totalmente perdido (nem sabia o que era um forame), resolvera partir para a gozação total. Consciente e voluntária. Preço que pagam os iconoclastas: todos projetam neles suas maldades.

O problema imediato era a expulsão da Faculdade.

Quando conseguimos entender que Adamastor não estivera, voluntariamente, gozando da cara de Renato Locchi, formamos uma enorme "comissão" e pedimos audiência ao Professor. Não nos recebeu. Deixamos passar três dias – *esfriar a cabeça* – voltamos a solicitar nova audiência. Não nos recebeu. Estava realmente magoado. Aí bateu a culpa coletiva: ele seria *mesmo* expulso!

Mas, para nosso alívio, surgiu outra saída. Pelas beiradas.

Seguinte:

Nossa turma tinha dois alunos que eram filhos de professores-catedráticos da Faculdade, portanto colegas de Renato Locchi na Congregação. Nós os procuramos e contamos, direitinho, tim-tim por tim-tim, a incrível história do rapto regressivo que ocorrera com Adamastor. Para nosso alívio, entenderam tudo, corretamente, e prometeram procurar Renato Locchi.

Cumpriram o prometido: procuraram Renato Locchi e explicaram a história toda, inclusive os antigos medos passados na "sala da caveira".

O que importa dizer é que ele aceitou a explicação de que não houvera desrespeito. Entendeu que Adamastor não quisera gozar da sua cara; apenas ficara louco. Retirou o pedido de expulsão.

E Adamastor... Agora com mais razão ainda... Deixou a Anatomia para Dependência, e voltou a esfriar a cuca nas piscinas. Com a cabeça, além de esfriada, competente, faturou Freud-a-favor, a experiência regressiva. Na Dependência, os gelados salões de dissecação, empestados de formol, jamais viram aluno mais aplicado. Recuperada a cabeça e livradas as outras matérias, estudou Anatomia como um condenado. Pior: como um ameaçado de condenação! (Muito pior: os leitores concordam?!).

Tirou "dez com louvor" em todos os exames. Ao fim do segundo ano sabia tanta Anatomia quanto Renato Locchi. Este, fiel à sua personalidade contida e reservada, jamais lhe deu qualquer colher-de-chá. Manteve-se impessoal, sério e fechado, até nos exames práticos em que se tornava expansivo. Mágoas, uma vez criadas, demoram a passar. Nas poucas vezes que o vi depois, continuava a vigiar a ponta do sapato.

As mágoas só passaram depois de seis anos. Soubemos disso do seguinte modo:

No final do sexto – e último – ano, ocorre a escolha do paraninfo. Habitualmente escolhem-se grandes cirurgiões, grandes clínicos ou renomados especialistas. De ano-luz em ano-luz, os formandos se lembram de um professor de matéria básica, que ficou lá para trás, perdido no esquecimento dos primeiros anos.

Minha turma foi generosa. Não esqueceu a dedicação de Renato Locchi. Foi o escolhido: nosso paraninfo! Poucas vezes vi, em pessoa contida, tamanha gratidão. Contida.

Dentre as várias cerimômias de formatura, fizemos jantar de gala em salão chique, homenagem ao paraninfo. Aconteceu neste jantar a única vez que vi Renato Locchi sorrir. Mas não só sorriu. Aproveitou para mandar seu recado.

Do seguinte modo: no final do jantar, quando já se desfizera a rígida organização inicial, num momento que era muito apropriado, pois estávamos somente os de nossa panela rodeando Renato Locchi, ele se afastou coisa de um metro, *e riu meio maroto*. Em seguida assumiu a conhecida postura de quando realizava os exames práticos, teatralizou aqueles seus gestos típicos e inesquecíveis, estendeu o braço em direção a Adamastor até a centímetros de seu nariz e, como que segurando um imaginário crânio na palma da mão:

– *"Mostre os forames da base... **da caveira"**!*

Foi assim que Renato Locchi mandou o recado: as mágoas estavam superadas!

E se os amigos leitores quiserem terminar a leitura desta Diligência, definitivamente estarrecidos, saibam que, no imaginário crânio (ou devo dizer: na imaginária caveira?) que Renato Locchi tinha na palma da mão, Adamastor, cinco anos depois do evento regressivo, mostrou, orgulhosamente, **todos** os nervos, **todas** as veias, **todas** as artérias e **todos** os órgãos que passam pelos inúmeros forames da base do crânio!

Foi impossível conter. Até para Renato Locchi. Caíram nos braços um do outro!!!

No Tempo das Diligências (XIII)

13ª estalagem

Vejam como meu pai enxergava longe...

2007

MEU PAI NASCEU em 1885. Castiglione Messer Raimondo (para os íntimos Castiglione), minúscula e tosca aldeia dos Abruzzi.

Minúscula: constará dos mapas lá por 3007.

Só esperou virar o século e emigrou; veio roçar café nas fazendas do interior de São Paulo.

Acontece que meu pai não tinha a menor tradição – nem vocação – para lavrador; cumpriu minimamente o contrato de trabalho que lhe pagara a passagem e se mandou para a capital. Antes de se mandar, casou.

Mudou-se para a capital; nem tanto. Parou num longínquo bairro periférico aqui da paulicéia, a Lapa, onde abriu pequena alfaiataria. Na sala da frente da casa onde morava.

Só conheci meu pai quando ele estava na casa dos 50 anos; sou caçula-temporão de oito irmãos. Apesar deste atraso, conheci-o bem e não tenho dificuldade para descrevê-lo.

Descrevê-lo ficará ainda mais fácil com a ajuda da preciosa foto ao lado, conservada pelo terceiro irmão, Alfredo.

À direita, cara severa, meu pai, Donato; ao seu lado, cara suave, Marianna, minha mãe. À esquerda, ainda na fila da frente, de cachimbo, um tio que tive, tio Nicola, saído direto dos filmes de Fellini, de quem ainda escreverei a mais tragicômica-comovente Diligência. Atrás, à esquerda, meu irmão Carlito (herói da 18º Diligência), sua mulher Irene, e meu irmão Alfredo. (Esperem pela sua Diligência!).

Meu pai viveu muitos anos e era pessoa típica, padrão do emigrante. Provavelmente estou falando também do pai – ou avô – de muitos leitores, filhos desta leva de emigrantes da virada do século XIX.

Fácil descrevê-lo: inteligente, muito muito inteligente, (minha mãe era mais) nada nada alfabetizado, zero de erudição. Mas era culto daquela cultura européia, entranhada, visceral.

Os leitores já repararam como é esperta a cultura do europeu analfabeto? Toda armazenada em ditados, refrões e historinhas de ocasião.

Não havia situação em que meu pai – também minha mãe – não tivessem um ditado ou uma historinha para associar. Mas, enquanto minha mãe usava citações bíblicas (sua única leitura, mas da qual muito se orgulhava, por tê-la aprendido sozinha, às escondidas, peitando as proibições de todos os machos de sua casa), os ditados de meu pai eram laicos, cidadãos.

Quando queria, por exemplo, fazer profissão de fé reacionária, contrária a correr qualquer risco, lembrava ao arrojado: *"Quem deixa o estrada velha pela nova, sabe o que deixa, mas não sabe o que encontra"*. (No original italiano tem rima bonitinha: *"Chi lascia la via vecchia per la nuova, sa quel che lascia, ma non sa quel che trova"*).

Já quando queria gozar da cara dos fantasiosos e de seus devaneios, contava sobre o caipira (*contadino*) que vivia pela aldeia dizendo que ele era *"meio-parente do rei"*. Quando lhe indagavam: que história é esta de ser meio-parente do rei, respondia: *"Eu já gosto da filha dele!"*. Alegoria de Castiglione, no mínimo mais elegante que a nossa: *contar com o ovo no cu da galinha!*

Seria injusto dizer que meu pai era retrógrado; não era. Era realista; não se deixava levar por espelhinhos que português oferece pra índio. Achava que o mundo estava bem do jeito que estava; pra que inventar novidades? Desconfiava do que não conhecia.

Meu pai estava, pois, muitíssimo mal apetrechado para encarar a revolução da elétrica e da mecânica, que o pegou em cheio nos meados do século XX, e que acompanhava o surto de desenvolvimento tecnológico disparado pela guerra de 1939-45.

Se eu tiver algum leitor beirando os 80 anos, ele saberá do que estou falando: a loucura das máquinas jamais pensadas, novos aparelhos a cada dia, as miles de engenhocas eletro-mecânicas. Os jovens também sabem do que estou falando; estão pegando a mesma loucura, versão eletrônica.

A primeira modernidade a incomodá-lo, lembro-me pouco dela – não devia ter mais do que cinco, seis anos – foi o litro de leite. Leite em litros de vidro!!!

Do que me lembro bem, destas sim, era das cabras amarradas na porta da alfaiataria. E do "cabraro" espremendo as tetinhas, e do leite esguichando nos potes de louça. Também do gosto do leite de cabra, acabado de esguichar, espumoso. Mas não me lembro das cenas de inconformismo que, certamente, meu pai aprontou ao ver litros no lugar de cabras.

Agora, proibição mesmo, pra valer, veio quando apareceu lá pela Lapa, a geladeira elétrica. Geladeira elétrica!!! Demais para quem nem queria sequer espiar a estrada *vecchia*.

Sempre tivemos geladeira, movida a gelo em barras. Quando nasci, já estava lá. Esmaltada, baixa, chegava à cintura dos adultos e na altura dos meus olhos. Tenho que me lembrar dela, atrapalhava a passagem entre a sala e a copa, havia que dar uma voltinha e eu sempre topava o dedão do pé. Mas, principalmente, lembro-me do inesquecível ritual da compra do gelo.

Vinha o caminhão do gelo. Toda semana. Revestido por ofuscantes placas de metal para refletir sol, quando parava e abria as portas de trás, apareciam as grandes barras de gelo, que o vendedor puxava com ganchos de ferro. Fascinante! Nossa geladeira era pequena, suficiente comprar 1/4, 1/8 de barra.

E aí chegava o momento solene, o infinito gozo da molecada. Quando o homem partia a barra com enorme facão, voavam lascas de gelo para todos os lados; sobravam lascas pra todos os moleques da rua.

Algumas eram umas baitas, deste tamanho aqui, óó! A boca cheia de lascas de gelo íamos, agora, "chocar" o caminhão, até a próxima parada. Foi por causa das lascas que meu pai ganhou um entusiástico aliado na campanha contra a geladeira, com perdão da palavra, elétrica.

Ninguém conhecia geladeira elétrica na Lapa; a vida dos vendedores e promotores era duríssima. Havia que bater de porta em porta, pedir licença para entrar, mostrar as fotografias em preto e branco e descrever as maravilhas. Ainda assim, tiveram pouco sucesso. Venderam duas ou três, se tanto.

Aí partiram pro sacrifício: deixariam as geladeiras nas casas, a título de experiência, por 30, até 40 dias. Vizinhos aceitaram; meu pai não queria nada com experiências. Mas, acabou dobrado, pelo mesmo argumento que leva as pessoas a aceitar injeção na veia: é de graça.

Foi assim que apareceu lá em casa um espécime estranhíssimo de geladeira, nunca mais o vi, em lugar nenhum do planeta. Um modelo hominídio; ou, se preferirem a etimologia grega à latina: antropomórfico! O corpo era igual à de todas as geladeiras, mas tinha cabeça. Uma bola no alto. Dentro da cabeça ficava o motor. Teratologia grossa.

Eficiente essa tática de deixar a geladeira por 40 dias! Viciava as pessoas nas comodidades e ainda criava constrangimentos de devolvê-la depois de tanto uso. Alguns vizinhos se constrangeram; meu pai não tinha destes filigranados. Fechou a cara e mandou levar embora "aquela coisa". Recuperei minhas preciosas lascas...

Que fique bem claro: meu pai não tinha nada contra a geladeira elétrica em si, à sua existência. Só não queria possuí-la. Quem quisesse, tudo bem.

Mas, da próxima modernidade a aparecer na Lapa, ele questionava a legitimidade da própria existência. Era uma afronta ao futuro do homem; uma afronta em si!

Quando surgiu o telefone, seu Donato ficou abismado. E quando os filhos, os próprios filhos, passaram a pressioná-lo para permitir que "aquela máquina do inferno" (sic), entrasse em nossa casa, pôs-se incrédulo. Não acreditava que gentes estudadas não conseguissem enxergar um palmo de futuro à sua frente.

Meu pai não era tolo, conhecia as vantagens do telefone. Mas, quanto mais nós repetíamos as virtudes, mais ele via as coisas em perspectiva. Visão em perspectiva que eu demoraria 60 anos para ver, até senti-las, como os leitores, na carne.

Cada vez que o pressionávamos, repetia: – Vocês não percebem que, instalado um telefone, *"qualquer um vai entrar na minha casa?! Não precisa mais bater na porta e pedir licença?! Pois, na minha casa, **só entra quem eu deixar!**"*. Furioso, perguntava-se: *"daqui para frente, vai entrar qualquer um, na hora que quiser!?"*

Isto acontecia no final de 1948; quem sabe, inícios de 1949.

Hoje é sexta-feira, 2 de março de 2007. Não precisou nem de 60 anos para se cumprir a profecia de meu pai.

Nesta semana, entraram sem autorização na minha casa, na hora que quiseram, eu não abri a porta nem dei licença: o Credicard, o Santander-Banespa, o abrigo dos velhinhos desamparados, duas companhias de seguros, a NET – esta, várias vezes: primeiro as mocinhas que engoliram o disco, depois o gerentão pra dobrar a recusa – três candidatos a vereador, a Telefônica, o Bradesco, o Itaú, o Hospital das crianças cancerosas... ... o... o.

No Tempo das Diligências (XIV)

14ª estalagem

As "Puramente Didáticas"

2007

Foto da "peruada" (passeio de calouros fantasiados pelo centro de São Paulo) do trote que levamos em 1949. As fantasias não parecem muito, mas são: Marias Antonietas.
Agora, acontece o seguinte (mas, por favor não espalhem): Três Marias Antonietas aí em cima são, hoje, Professores Titulares, outras são Eminências Clínicas e Cirúrgicas. E a Maria Antonieta bem no alto, no centro, de vasta peruca branca, chegou a Ministro da Saúde (do Panamá).

SE HÁ UMA COISA que se pode dizer da minha turma da Faculdade, é que ela era musical. Inspirada. Inspirada e prolífica. A qualquer pretexto – ou mesmo sem ele – já surgia a música comemorativa. Ou "debochativa". Fizemos música para tudo: para a aula inaugural, para o curso de Anatomia, para a Farmacologia; a Cirurgia recebeu dezenas; também para o trote que levamos e para os trotes que aplicamos. Acreditem: fiz um curso médico musicado.

Os alvos preferidos (mais justo seria: as vítimas preferidas) eram, lógico, os professores. Uma frase mal construída, um exemplo infeliz, um cacoete... Coitados. Ser professor da turma de 1949 da Faculdade de Medicina da USP era profissão de risco. Qualquer bobeada, já valia uma musiquinha.

Nossa produção musical era produto das "panelas". Trabalho corporativo: um aparecia com a idéia malévola; outro descobria a rima rica e consertava a métrica; outro, por fim, achava a melodia... E assim, as maldades iam andando.

Um raro exemplo de produção individual foi esta paródia que fiz para o professor de Urologia. Já no sexto ano, poucos meses antes de virar doutor. E nem que eu quisesse fazê-la; caiu-me no colo! Praticamente fui obrigado. Vejam se não?

Este professor, o de Uro, era um bicho raro. Não fizera carreira na nossa Faculdade de Pinheiros – vinha de outro estado – jamais pisara em nosso Hospital das Clínicas, mas, mesmo sendo esse ilustre desconhecido, vencera brilhantemente o concurso para a cátedra, derrotando vários candidatos "da casa". Já se vê que era dos bons. No entanto, o brilhantismo não o impediu de pagar seu preço pelo noviciado na USP. Quando apareceu para a primeira aula, estava ansioso de uma ansiedade ruim: *necessidade de mostrar serviço*.

Entrou na sala, não se apresentou, não perguntou o nome de ninguém, não deu um panorama geral do curso, nada. Entrou... E, como se fosse a coisa mais natural do mundo, passou a fazer apologia do toque retal! Pode?

Pôs-se a explicar que toque retal era maravilhoso. Que era o principal recurso propedêutico do urologista, a grande ferramenta semiológica.

(O que, na época desta aula, 54 anos atrás, quando tudo era feito na base do Exame Físico, sem os maravilhosos aparelhos de hoje, era certíssimo. Mas não precisava, precisava?).

Propôs-impôs a seguinte combinação: o aluno que não fizesse toques retais, não seria aprovado. E deixou no ar que a nota que cada um receberia seria proporcional ao número de toques retais efetivamente realizados. Crise aguda de ansiedade professoral; só pode ser isso.

Com tanta sopa caindo na minha colher, antes mesmo de terminada a aula eu já tinha musicado a bobeada. Facilitou o fato de o nome do professor ter métrica e tônica exatamente iguais à da marchinha de carnaval, recém-lançada:

Maria Candelária,
É alta funcionária...
Saltou de pára-quedas,
Caiu na letra ó... ó... ó.

Vejam que a métrica é perfeita e a tônica de ambas, cai na segunda e na sexta.

Geraldo Campos Freire
De Uro nosso mestre
Veio com novidade
Criou nova Unidaaaade.
Agora é diferente
Quem sofre é o doente
Que coisa indecente
É mesmo de fazer dó, ó...ó...ó.
Um toque, tá reprovado
Seis toques, tá pro "oral"
Dez toques, esse é tarado
Mas só tarado passa sem "final"!
– Que grande indicador que ele tem!!!

Esta próxima foi produzida no primeiro ano, ainda calouros. Refere-se ao curso de Anatomia.

Quem nos ensinava Anatomia prática (dissecação de cadáveres), eram os assistentes do Prof. Renato Locchi. Este se encarregava das aulas teóricas. Os assistentes eram jovens, com exceção de uma figura tragicômica: o Prof. Bielik.

Tinha muito mais de 70 anos e era praticamente cego. Dizia a lenda que, quando jovem, o Prof. Bielik tinha sido excepcional anatomista na sua pátria, a Rússia Branca.

Suas funções de assistente, auxiliar o aluno em alguma dificuldade prática nas dissecações, eram mantidas (apesar de nenhuma possibilidade de exercê-la), como reconhecimento por seus méritos passados. Passados, porque, em 1949, quando pegava o bisturi todos tremiam e corriam a esconder suas peças. Bielik não fazia por menos: cego, cortava grandes lascas. "Bifava" tudo ("bifar" = fazer bifes).

Sua principal vítima era o nervo de nome *recorrente*.

Nem esta vetusta figura escapou à nossa sanha musical. Canta-se com a melodia do samba "Se é pecado Sambar".

Se é pecado "bifar"
Bielik pede perdão
Mas não pode evitar
A tentação.
O nervo recorrente
Que mexe com a gente
Fazendo endoidecer

É um tal de me pega, me larga, me deixa
"Bifar" até morrer.
Se é pecado "bifar"...

O ÚLTIMO ANO é o das especialidades médicas. E, portanto, fomos todos nós, os 80, para a Obstetrícia. Para as aulas teóricas, quero dizer, porque prática de partos, não havia quase nenhuma. É que, como os leitores sabem, não havia uma Maternidade no complexo hospitalar do Hospital das Clínicas; só estacas. Não havia em 1954, e ainda não há hoje, 2007. Resultado: o pequeno número de leitos da Clínica Obstétrica era insuficiente para permitir aprendizados práticos. A saída que alguns encontrávamos era prestar concurso para os plantões na Casa Maternal Leonor Mendes de Barros, a maternidade do povão. Não recusava nenhuma barriga. Ficava perto do fim do mundo, lá no Tatuapé, Avenida Celso Garcia.

Se nas Clínicas o problema era o pequeno número de partos, na Casa Maternal o problema era o oposto: partos demais. A cada momento, dia e noite, havia dois ou três partos estourando ao mesmo tempo. Naturais e cirúrgicos.

Em um ano de plantões na Casa Maternal tornei-me um razoável parteiro.

Agora: a nossa turma não seria a nossa turma, se não viesse com uma musiquinha para a Obstetrícia.

156
Oswaldo di Loreto

Ficou famosa e acabou virando uma espécie de Hino Nacional da Casa Maternal.

Como os leitores verão, a letra descreve um erro de diagnóstico cometido por plantonista principiante.

(E, para os leitores não-médicos, uma colher-de-chá semântica: Esclareço que as palavras **Tricô** e **Enterô** são abreviações de, respectivamente, Tricotomia – raspagem dos pêlos pubianos – e Enteroclisma, lavagem intestinal, que se fazem, ambas, logo antes do parto. E **Laparô**, é abreviatura de Laparotomia, abertura cirúrgica do ventre. E, por fim, convém repetir o que todos sabem: os doutores medem a dilatação do colo do útero em dedos: dilatação de um dedo, três dedos...).

A melodia que acompanha a letra é a conhecida **Embolada**, ritmo acelerado; meio cantada, meio falada.

> Tricô, enterô,
>
> Raspa raspa
>
> E faz cocô,
>
> O feto já vem nascendo,
>
> Vá chamar o "seu" dotô.
>
> – Dotô já chegou,
>
> Fez o toque e se afobô,
>
> Leva a mulher lá pra cima,
>
> Vou fazer a laparô!
>
> – O feto nasceu,
>
> Inchado que nem pneu,

Não foi vício de bacia,
Mas caso de hidropsia!
– Dotô chateado,
Diagnóstico errado,
Tá agora com medão
Da chupada do chefão!
– O quarto está cheio
De mulher com dedo e meio,
Teloguinho vou dormir,
Hoje ninguém vai parir!!

Desculpem os leitores a esnobada, mas é de justiça dizer que a produção musical que apresentei até agora trata de nossas produções menores, incidentais, comemorativas. Serviu para aquecer os reatores. Porque, nossa grande produção musical eram **as puramente didáticas**.

O nome já sugere: eram aulas musicadas. Letras que valiam por longas mnemônicas sobre assuntos médicos: ações de medicamentos, seqüência de atos cirúrgicos, complicados ciclos biológicos de parasitas, complexos conjuntos de sintomas de uma moléstia, e muitas outras mais. Utilíssimas, as puramente didáticas. Algumas percorreram os brasis. Eram tão bem feitas que certos professores – os mais jovens e próximos – aceitavam que, nos exames, respondêssemos "musicalmente" às questões.

Esta primeira (das Puramente Didáticas), é do curso de Farmacologia. Canta-se com o ritmo rápido da **Embolada**.

ATROPINA

Sou cicloplégico
Elevo a pressão
Sou midriático passivo
O que eu quero é dilatar.
Glaucomizante
O meu nome é atropina
Como a escopulamina
Estrepo quem me pingar!

Esta outra, a próxima, é do curso de Parasitologia médica. Descreve o complicadíssimo ciclo biológico do *Schistosoma*, parasita patogênico que vive nas veias do fígado e intestinos e causa imensas "barrigas d'água" por cirrose hepática. Os ovos do parasita (que têm forma curiosa), são eliminados pelas fezes dos pacientes, inaugurando outro período do ciclo biológico, que se passa num caramujo, *Planorbis*. No caramujo, transformam-se em larvas – chamadas cercárias. Estas penetram a pele das pessoas que tomam banho em "lagoas de coceira".

A melodia é da conhecida canção. *Se esta rua, se esta rua fosse minha*. O início canta-se em ritmo lento, solene, marcha fúnebre, mais falado que cantado. Depois, a parte que diz: *Cercária cercarinha*, canta-se como *Ciranda cirandinha*.

SCHISTOSOMA

Neste vaso, neste vaso mora um verme
Que se chama, que se chama Schistosoma
Dentro dele, dentro dele tem um ovo
De espinho, de espinho lateral.
Desse ovo, desse ovo já saiu
Rapazito que se chama miracídio
Vai nadando, vai nadando até que um dia
Encontrou, encontrou o Planorbídeo.
Cercária, metacercária,
Sua mãe disse que a senhora
Perdeu sua linda cauda
Mas está no intestino agora.

Cercária, cercarinha
Vamos todas infestar
Vamos pela veia Porta
E cirrose vamos dar.

Cercária, cercarinha
Vamos todas infestar,
Vamos fazer granuloma
Cunha Motta vai gostar!

Os leitores por certo notaram: a descrição dos dois ciclos biológicos do *Schistosoma* é perfeita! E também não deve ter passado despercebido o preciosismo da letra, até a menor das minúcias: o ovo do *schistosoma* tem mesmo um "espinho" do lado. E miracídio quer dizer, etimologicamente, *rapazito*!

Chego ao fim desta "Diligência musical", contando aos leitores o por quê da minha iniciativa de publicá-las.

Nossas músicas jamais foram escritas, nem mesmo as "puramente didáticas". Passavam de um para outro por 'transmissão musical', nas noitadas de chopp + salsicha + mostarda. Mas perderam-se, à medida que os joviais acadêmicos se foram tornando sisudos doutores.

E, antes que se percam para sempre, resolvi lançar mão de minha boa memória e preservar, no papel, umas poucas amostras da nossa produção musical.

Não somos muitos, em 2009, os ex-alunos da turma de 1949 que já não dormem o sono eterno. Mas, sejam quantos forem os que ainda cá labutam no pesado "ofício de viver", nos lembraremos todos das salas de estudo e das noitadas de chopp + salsicha + mostarda + nossas músicas.

Seis anos após Maria Antonieta.
Foto preciosa: a cerimônia do "adeus".
Após o último exame do último ano, nos despedíamos – já vestidos com os símbolos médicos (avental e estetoscópio) – de todos os Departamentos, de todas as Disciplinas e todas as Cátedras.
(Fotos cedidas pelo nosso colega de turma Tharcillo Toledo Filho).

No Tempo das Diligências (XV)

15ª estalagem

Só Freud explica

2008

Em 1957 – ano em que se passa o incrível evento que vou relatar – em 1957, os noivos casavam virgens. Ou quase.

Ao menos a noiva.

Não havia acontecido ainda a revolução de 68, maio de 68, a revolução da qual resultou que: **é proibido proibir**. A libertação feminina, o *black power*, a liberação sexual (e sua expressão prática, o motel), ainda teriam que esperar uma década *y picos*.

A vigilância sobre a virgindade era explícita, não se disfarçava. Os leitores mais velhos devem estar lembrados da caricata figura daquelas épocas, o segura-vela (se é que não foram, como eu, protagonistas). Caricata, mas obrigatória: onde estivesse um casal de namorados, lá estaria alguém segurando uma vela. Obtinha-se o efeito contrário; os namoros se tornavam altamente sexualizados. Sexo na cabeça. Namorava-se em estado de atenção seletiva: atentos a qualquer brecha para uns amassos.

A instituição de uma época: o amasso.

Os homens estavam liberados das proibições sexuais; livres para procurar satisfação onde conseguissem, inclusive no comércio. Só não podia com a prometida esposa. Com esta, só preliminares.

As proibições sexuais eram pra valer. Conseqüência: a noite de núpcias tornou-se desesperadamente esperada. Também pudera: era a primeira chance de uma relação sexual completa e, ufa!, lícita.

No entanto, acreditem, amigos leitores: aconteciam uns casos (mas meio raros), em que o noivo também se submetia voluntariamente à regra da castidade pré-matrimonial.

Este era o caso do meu amigo Jonas, colega de trabalho lá no Hospital do Juqueri. Prometeu à Arlete que se manteria casto e, a duras penas, cumpria. Melhor: agüentava-se. Às vésperas do casamento, todos percebíamos que o Jonas já não tinha mais hemácias circulando no sangue; só testosterona. E se fosse submetido às pranchas do Rorscharch, só veria tetas, vulvas, pintos e bundas: dez figuras de sacanagem. Tesão ambulante.

Os leitores hão de concordar que alguém no estado do amigo Jonas fácil, fácil vira personagem freudiano.

E virou.

Vejam como: nós, os médicos do Juqueri, éramos funcionários públicos. E o estatuto dos funcionários exigia que os requerimentos, petições e demais papéis, fossem redigidos no linguajar oficial, um linguajar cheio de esquisitices. Assim, por exemplo, se morresse alguém da família, o funcionário não deveria solicitar simplesmente "licença por morte em família". Deveria solicitar LICENÇA POR NOJO. Três dias de nojo. Já, se o pedido fosse para casamento, deveria requerer LICENÇA PARA GALA. Sete dias de gala.

Mas, no estado de impregnação testosterônica em que se encontravam os neurônios do amigo Jonas e, ainda mais, tendo que manejar aqueles nomes estrambóticos (**nojo, gala**, quê que é isto?), perdeu o controle consciente das coisas e os desejos inconfessados surgiram inteiros, límpidos, à mostra. O inconsciente à mostra. Marcada a data do casamento, meu amigo sentou-se para redigir o pedido de licença para *gala*, e, cometeu o ato falho mais engraçado já acontecido abaixo do Equador. Sua mente fez uma mistura dinâmica entre *gala* e *nojo* e aproveitou a confusão para contar a verdade.

Encaminhou à Secretaria da Saúde requerimento solicitando LICENÇA PARA GOZO. Sete dias de **gozo**.

Como fiquei sabendo que o amigo Jonas havia cometido tão monumental ato falho? Eu, todo o Juqueri – e também o próprio Jonas – soube do ato falho, porque o chefe da Seção do Pessoal (que não tinha nenhum humor freudiano, já se vê), achou que o Jonas estava tirando sarro das autoridades e aprontou o maior forrobodó: mandou afixar no grande quadro de avisos do hospital o requerimento do Jonas, acrescido do despacho (vê se pode?): *"redigir em termos regimentais!"*

P. S. de leve – Quantos mil marcos Dr. Freud me pagaria pelos direitos de incluir o Jonas na sua *Psicopatologia da Vida Cotidiana*? Afinal, é exemplo de ato falho, mais "freudiano" que os do seu livro?!

No Tempo das Diligências (XVI)

16ª ESTALAGEM

O Vestibular no tempo das diligências

2008

NO TEMPO DAS DILIGÊNCIAS, como eram os vestibulares? Eram mais fáceis? Não, não eram. Mais difíceis? Também não eram. Nem mesmo eram mais justos ou injustos. A coisa não é por aí. Eram diferentes.

Não dramatizo. No tempo das diligências os vestibulares eram tudo ao mesmo tempo: charmosos, caseiros, terroríficos e psicodélicos.

Ou seja: um festival de contradições.

O charme, de onde vinha? Do fato de os vestibulares serem realizados nas próprias faculdades. Não havia Centrais de Vestibulares; cada Faculdade realizava os seus.

A Faculdade de Direito fazia seus vestibulares no histórico e invencível Largo de São Francisco; a Odontologia, na Rua Três Rios; a Engenharia, não muito longe dali, vizinhanças da Estação da Luz; as de Sociologia, Antropologia, Filosofia e Psicologia na famosa Rua Maria Antonia, heróica na resistência à infeliz (e infelicitante) quartelada de 64. A Faculdade de Medicina da Universidade de São Paulo fazia os seus vestibulares nos suntuosos, mas elegantes edifícios da Av. Dr. Arnaldo, ali naquele pedaço de Pinheiros conhecido como: o Araçá. (Vejam na ilustração ao lado, de Tharcillo Toledo Filho, os suntuosos, mas elegantes).

Chegando-se mais cedo, e fazendo plantão na porta de entrada do Hospital das Clínicas – era só atravessar a rua – podia-se ver passar um luminar:

– *Aquele senhor é o Doutor Enéas Carvalho Aguiar, diretor do Hospital; aquele é o Professor Pedro de Alcântara, da Pediatria; este aqui é o ProfessorAlípio Correa Neto, foi médico-chefe da Força Expedicionária Brasileira na II Guerra!*

E o terror?

O terror vinha da mecânica vestibulanda. A Universidade era um mundo exigente e jamais se aceitariam quebra-galhos como o das cruzinhas. (Múltipla escolha: é assim que se chama o quebra galho?). No lugar delas, realizavam-se duas séries de provas: as escritas e as orais-práticas.

As provas escritas... eram escritas. Dissertativas, portanto. Havia que ser bom de português! (Coreanos e chineses nem pensar. Já ficavam nas concordâncias e regências).

Agora, terror mesmo, vinha das provas orais-práticas.

Nas provas orais, ocorre aquela perturbadora proximidade: a cara-na-cara. E como, no tempo das diligências os examinadores eram os próprios Professores da Faculdade, resultava que o candidato ficava cara-a-cara com um monstro sagrado. Bem que tentei, mas não consegui segurar o tremor nas pernas quando me tocou mostrar ignorâncias cara-a-cara com Samuel Pessoa, um mito das ciências brasileiras.

Prova oral de Biologia.

Havia um detalhe (sempre o famoso detalhe) que fazia multiplicar por dez, por cem, por mil, todos esses terrores. As provas prático-orais eram realizadas nos anfiteatros da própria Faculdade e ficavam, portanto, abertas aos veteranos. As ignorâncias exibidas não só a Professores, como a platéias de veteranos, que, tendo passado recentemente pelos mesmos terrores, vinham babando. Em janeiro, diversão de veterano sádico era assistir calouro suar.

Por fim, a criar pano de fundo surrealista, acontecia de os examinadores serem conhecidos-amigos dos veteranos, pois, ao mesmo tempo, eram professores da Faculdade. Estavam em casa, tudo acontecia na maior confraternização. O único "estrangeiro" ali era o vestibulando.

Este conjunto de curiosas condições e contradições, propiciava que ocorressem episódios os mais psicodélicos, impensáveis nos vestibulares de hoje.

Será uma pena perderem-se, sem nenhum registro. Paga a pena descrever os antigos Vestibulares; nunca os vi reportados. São registros históricos que poderão vir a se perder *"de tanto que a gente não conta"*.

(Minha filha Gisèle, hoje talentosa psicoterapeuta de crianças, disse à mãe, literalmente, quando tinha seis anos:

– *Mãe! O bolo no armário vai acabar se estragando "de tanto que a gente não come!"*).

Vou selecionar dois, bem psicodélicos. Aconteceram quando eu, já veterano, ia sadicar os coitados. Em algum janeiro, entre 1950 e 54. Tornaram-se arquilendários.

O primeiro aconteceu no exame prático-oral de Biologia. O examinador, os leitores já sabem, era Samuel Pessoa, monstro sagrado n° 1, catedrático de Parasitologia médica. Escolhi-o porque envolve uma das funções psíquicas mais admiráveis, a função *timing*: a capacidade de dizer a coisa na hora certa, de agir no momento apropriado, e até a de esperar o bom momento.

Antes do episódio acontecido com Samuel Pessoa, que narrarei em seguida, o melhor exemplo prático de *timing* perfeito que eu conhecia era o caso do sujeito que é acordado às três horas da madrugada por telefonema de uma vizinha. Aos berros e possessa, ela diz que *"não consigo dormir, pois teu cachorro não pára de latir"*.

Se mancou.

Na madrugada seguinte, justo às três horas, telefona para a vizinha:

– *"Eu não tenho cachorro"*.

Eis um cara bom de *timing*. Mas, depois do episódio com Samuel Pessoa, passou para segundo lugar de excelência.

A prova era de Biologia, mas Samuel Pessoa se interessava pouco por Biologia Geral. Nos vestibulares, ele era vidrado em Sistemática botânica, a interminável classificação dos vegetais em famílias, gêneros e espécies. Uma coisa chatíssima, beirando o impossível, a decoreba dos milhares de nomes, habitualmente em latim, que era necessária para ser aprovado em Biologia. Reprovava muito.

Uma sucessão interminável de:

– *A que família pertence a abóbora?*

– *A abóbora pertence à família das Cucurbitáceas.*

(O sufixo **acea** é indicativo das famílias de plantas. Raros são os nomes de famílias que não terminam em **acea**).

Acontece que, com a idade, Samuel Pessoa foi ficando surdo. Nos últimos anos já tinha todos os tiques dos deficientes auditivos: colocava a mão em concha na orelha, escutava de boca aberta e falava alto, meio gritado.

Num certo ano, a notícia de que o examinador Samuel Pessoa era surdo, espalhou-se entre os vestibulandos. Não sei se alguém "entregou", ou deduziram por si, o fato é que não demorou nada para surgir o primeiro malandro, candidato-malandro. Não estudou nada de Sistemática botânica, e quando Samuel Pessoa lhe perguntou qual era a família do pepino, respondeu com toda cara-de-pau:

– Br-br- br-**acea**.

Já que Samuel Pessoa era surdo, bastava fazer um som qualquer, (Br- br- br) seguido do sufixo **acea**. Br-br-br-acea.

Frente ao êxito do primeiro, logo os malandros se multiplicaram. Foram os tempos de br-br-br- acea.

Morríamos de pena de assistir o velho professor ser enganado de forma tão iníqua. Mas, o que fazer? Quem tinha peito para encostar em Samuel Pessoa e dizer a verdade?

Até que, passados alguns anos, Samuel Pessoa confidencia aos veteranos que vai deixar a função de examinador de vestibular. Este seria seu último ano. Ficamos todos aliviados de saber que, enfim!, terminaria aquele horror. Não mais teríamos que assistir Samuel Pessoa ser tão enganado, vítima dos espertos e desonestos.

No seu último dia de examinador de vestibular, Samuel Pessoa escolhe um dos últimos candidatos para exibir seu *timing*.

Não sei por que escolheu aquele candidato. Talvez porque era malandro com cara de malandro, talvez porque quis aproveitar o momento em que o auditório estava abarrotado de veteranos que vinham assistir à despedida do velho examinador.

Foi só o malandro sentar, e Samuel Pessoa já pergunta:

– *Moço, a que família pertence o trigo?*

E o cara-de-pau:

– *O trigo pertence à família das br – br – br – **aceas***.

Samuel Pessoa se levanta, assume a orgulhosa postura do King Kong no alto do Empire State, e diz, dirigindo-se mais à platéia do que ao candidato:

– *Não, moço. Está errado. O senhor não deveria ter respondido br – br – br – **acea**. Devia ter respondido br – br – br – **inea**, pois o trigo pertence à família das **gramíneas**!*

Foi assim que Samuel Pessoa passou o recado de que vinha gozando da cara dos malandros há anos, em silêncio, prazer secreto. E de quebra exibia, ao vivo e a cores, um *timing* até melhor do que o do homem que não tinha cachorro.

Aí aconteceu o maior festival de Viva!!!, Urra!!!, Bravo!!! Gente se abraçando e jogando tudo pra cima ...

O outro episódio é, para meu gosto, ainda mais psicodélico.

Este segundo episódio ocorreu numa prova prática de Física. Demonstra à perfeição a tese de que o mundo continua dialético, movido a contradições. Para o bem ou para o mal. E a contradição envolvida neste caso é das melhores: *"nem tudo que é bom em si, é favorável"*. Possuir um rico conhecimento pode ferrar com o sujeito e favorecer que dê Freud-contra.

A prova se chamava oral-prática porque, além das argüições sobre conhecimentos – no caso, de Física – o candidato deveria mostrar habilidades no manejo de aparelhos e instrumentos, que ficavam numa sala ao lado. Sorteado o ponto, o examinador mandava o candidato buscar um aparelho relacionado com o ponto sorteado.

E foi assim que o examinador mandou um candidato buscar o **paquímetro**, pequena régua, com cursor superposto, que permite medições mais exatas. É aquela régua que os engenheiros levam no bolsinho do paletó.

O candidato não sabia o que era um paquímetro, mas era culto, inteligente, e bom de raciocínio. E raciocinou: *"**paqui** é o radical grego que significa duro, forte, pesado. Paquiderme é o nome científico do elefante. Portanto, paquímetro deve ser um aparelho duro, forte e pesado"*.

Enquanto isto, no anfiteatro, passam-se alguns segundos, passa-se um minuto, dois, e nada de o candidato voltar com o paquímetro. Preocupação, suspense. Mais um minuto, e ninguém mais se agüenta de apreensão e curiosidade. Vamos todos nós, o examinador e os veteranos sentados nas primeiras filas, ver o que acontecia. Entramos na sala ao lado, e encontramos o candidato suando, ofegante, descabelado. Havia até tirado o paletó. Agachado, tentava arrancar do chão e, absurdamente levar nas costas, um grande cilindro de aço, que pesa cem, talvez duzentos quilos! Serve para fazer vácuo. A máquina pneumática!

O cara estava atracado com a máquina pneumática!!!

Indagado sobre o absurdo respondeu, com boa lógica, que aquele *"era o aparelho mais "paqui" que havia na sala ... ..."*

No Tempo das Diligências (XVII)

17ª ESTALAGEM

SEM SAÍDA

2008

SEGUINTE:

Estou seriamente desconfiado que o criador da teoria sociopsicológica conhecida como Teoria e Pragmática da Comunicação Humana não é Gregory Bateson. Isto é o que diz a literatura. É até voz corrente na cultura psi. Mas eu é que sei.

O criador da Teoria da Comunicação é um meu compadre. O compadre Newton Tavares Guerreiro.

(Ora vejam: assim que acabei de escrever estas seis linhas, tomei consciência de ter cometido a inabilidade de já de saída, encher a cabeça dos leitores com dois nomes e uma teoria. Sim, cometi a inabilidade. Mas não cometerei a indelicadeza de passar batido e deixar de contar ao menos umas poucas coisas, sobre eles e sobre ela, em atenção aos leitores que não são do ramo psi).

Gregory Bateson é um pesquisador – creio que antropólogo, mas de enorme repercussão útil na Psicologia – líder da escola chamada habitualmente de Teoria da Comunicação. A sede desse movimento científico fica em Palo Alto, Califórnia, e, por isso, é também conhecida como a escola de Palo Alto.

184   Oswaldo di Loreto

O campo de pesquisas desse grupo é vasto, muito vasto. É que eles usam "Comunicação" num sentido largo, coincidindo com o significado de **Influência**.

Influências psicológicas que ocorrem nas relações humanas.

É fácil deduzir que eles não construíram uma Teoria Psicológica (descrição do interior da mente), mas, sim, trouxeram conhecimentos utilíssimos para a compreensão **da origem e das causas** dos distúrbios mentais (Psicopatogênese), que, é sabido, estão nas relações entre os humanos.

Criou alguns conceitos – e alguns nomes – que "pegaram" e se tornaram habituais até no linguajar comum. *Feedback*, por exemplo.

É curiosa a história do *feedback*. Bateson estudava tribos indígenas muito primitivas, quando observou um efeito não tão fácil de perceber, só acessível a observadores argutos. As relações de paz ou de guerra entre as tribos, não eram regidas pelas "emissões" que uma tribo enviava à outra – portanto, pela agressividade da tribo – mas pela "volta" que a tribo receptora devolvia à primeira. À influência – ou regulagem – que esta "volta" exercia sobre o comportamento dos emissores iniciais, chamou: *feedback*.

(A tradução portuguesa de *feedback* não é tão sonora nas orelhas, mas é bem esclarecedora: *"retroalimentação"*. Até que pegaria melhor: *retro-regulação*).

Com meus jovens supervisionados, uso um exemplo simplório, retirado da vida cotidiana, que é vulgar, mas muito ilustrativo.

No congestionado trânsito das grandes cidades, é freqüente um incauto motorista cometer alguma barbeiragem e dar uma "fechada" no carro ao lado. A reação mais habitual do motorista "fechado" é a emissão de um gesto obsceno, acompanhado da ofensa verbal: *"vai tirar tua mãe da zona"* – de longe a reação mais freqüente, na minha estatística.

Pois bem, antes de Gregory Bateson, acreditava-se que o fenômeno que regulava o destino destes acontecimentos fosse a agressividade, portanto, a gravidade da ofensa contida na emissão. O senso comum sugere isto. Lógico: quanto mais ofensiva a emissão, mais intensa tende a ser a reação do receptor ofendido. No entanto, as coisas não se passam bem assim. O senso comum é insuficiente.

Bateson constatou que o destino do que se passa nas influências contidas numa relação humana depende mais da "volta" que o receptor devolve ao emissor. Depende mais do *feedback*. Assim, se no meu exemplo corriqueiro, o receptor reagir com a habitual "volta" – *"vai tirar a tua, seu filho da puta"*, pode o leitor preparar o camarote para assistir a uma briga. No entanto, se o receptor reagir à ofensa do emissor com um gesto reparador e uma frase conciliadora: *"desculpe, não te vi"*, ou outra assemelhada, tanto a pesquisa científica de Bateson como a minha constatação do cotidiano demonstram

186   Oswaldo di Loreto

que raramente estas cenas evoluem para a violência. Só mesmo se os protagonistas forem pirados de vez. E as coisas assim acontecerão porque, neste último caso, o receptor devolveu um *feedback* que "esfria" o furioso emissor. (Enquanto que no 1º caso, o *feedback* "aquece" ainda mais o emissor). E, em função do tipo de *feedback*, Bateson divide as relações humanas em dois grupos: *as relações complementares* (as que esfriam), e as simétricas.

Se os leitores quiserem ter uma idéia clara da importância dos *feedbacks* nas relações humanas, é só lembrar daqueles pacientes – ou qualquer outro interlocutor – que negam a emissão de *feedbacks*. Os que ficam com cara marmórea enquanto você sua.

Bateson tira miles de ensinamentos do estudo do *feedback*. Tudo muito curioso, original e cheio de aprendizados. Paga a pena.

(É difícil encontrar livros de Bateson. Mas há uma publicação – esta mais fácil de achar – de uma bem feita síntese das idéias "batesonianas", escrita por um pesquisador de Palo Alto, cupincha do chefe, Paul Watslavick. Mas, atenção: o livro do Watslavick se chama, em algumas edições: *Prática da comunicação humana*; em outras, *Teoria e Pragmática da Comunicação Humana*).

Outra das originalidades de Bateson é a descoberta das "comunicações paradoxais". São as comunicações que podem ser, ao mesmo tempo, verdadeiras ou falsas, e, portanto, impossível de decifrar qual reação determina prêmio, qual determina castigo. São, lógico, extremamente patogênicas. Mantêm a "vítima" em estado de "apreensão constante" – que é apenas um outro nome para uma nossa velha conhecida: a ansiedade.

A escola de Palo Alto estuda inúmeras formas e variantes das comunicações paradoxais. Cito só uma: o "duplo vínculo". É resultante de uma "dupla mensagem", que determina uma "dupla resposta".

Encontro nos jovens psis alguma confusão no entendimento do que é "dupla mensagem". Com alguma freqüência ela é entendida como "mensagens contrárias". Não é correto. Mensagens contrárias são pouco patogênicas.

Um exemplo do cotidiano pode ser muito esclarecedor. É exemplo que copio de aula a que assisti, dada por meu amigo Mário Fuks.

Suponhamos uma mãe, muito incoerente, que envia ao filho mensagens **contrárias**. Ora diz: levante a meia; ora diz abaixe a meia.

Crianças não são tolas, logo percebem que o emissor é que é pancada. Percebe que a loucura está com a mãe. São, reconheço, irritantes. Mas pouco patogênicas.

Dupla mensagem é outra coisa: é uma mensagem que contém um componente que, no entanto, é modificado pela emissão de outra mensagem, que a modifica, tornando-a falsa ou verdadeira, ao mesmo tempo, e ao sabor do emissor. Sem saída.

Suponhamos a mãe – ou pai, ou chefe – que propõem ao filho as seguintes mensagens **coerentes**: *"levante a meia, levante a meia, levante a meia"* e, em seguida, e geralmente por outro canal de comunicação, faz o filho compreender que: *"como eu te desprezo por você não ter vontade própria; só faz me obedecer".*

Este é um exemplo corriqueiro, que julguei favorável para fins didáticos. Mas, não é tão raro encontrarmos, na prática clínica, exemplo de pais que entopem o filho de comida, criam uma cultura de comilanças e, em outro canal, enviam mensagens de desprezo e de vergonha pela obesidade do filho. Ou daqueles que "quebram" a personalidade do filho e, em outro canal, o desprezam por frágil e covarde.

Não preciso dizer que a intensidade da patogenia é proporcional à intensidade da relação afetiva e da dependência.

A experiência prática me ensinou que as relações tipo "duplo vínculo" são as maiores usinas produtoras de ansiedade. São suficientes para causar esquizofrenia. Já vi isto acontecer com estes olhos que a terra ainda vai demorar para comer.

No entanto, existem mensagens paradoxais que são apenas curiosas, pouco patogênicas. Me contaram uma, muito engraçada. O supra-sumo do paradoxo.

Ocorre numa cerimônia de casamento. O padre diz a frase habitual dos matrimônios: *"se alguém souber de alguma coisa que impeça este casamento, fale agora ou cale-se para sempre".*

Um gaiato, lá no fundo da igreja diz em voz alta e reflexiva: *"Eu me calo para sempre..."*

Há um tipo de comunicação paradoxal, muito freqüente e muito patogênica, cuja característica fundamental é a de criar "situações sem saída". Ou seja: o sujeito se ferra – inexoravelmente – *quer se comunique quer não se comunique*. Sem saída. São muito importantes para se compreender a origem da ansiedade e da angústia.

Parênteses que serve ao autor destas mal-traçadas para ele também se exibir um pouco, não só Bateson e Newton Tavares Guerreiro. Pesquisei, na prática clínica, as relações paradoxais, sem saída. Depois de 40 anos de pesquisa prática, concluí e pontifiquei:

A loucura é a saída para situações sem saída.

Pois bem, tenho sólidas razões – que em seguida narrarei – para acreditar que, quem trouxe compreensão para a patogênese da ansiedade contida nas relações paradoxais, foi meu compadre. Foi Newton Tavares Guerreiro. De quem sinto saudades abissais. Faleceu há mais de dez anos. Que pena!

Newton Tavares Guerreiro era meu colega de turma. Dr. Newton, portanto. Pertencíamos à mesma "panela" da Faculdade, o que quer dizer que éramos muito, muito amigos, e que vivíamos juntos o dia inteiro. Além do mais, ambos resolvemos fazer Psiquiatria. Após a formatura mudou-se para Santos, e só nos víamos em encontros episódicos.

No tempo da faculdade a função de Newton na panela era a de produzir humor inteligente. O tempo todo produzia ótimos trocadilhos (raramente uns infames), frases de efeito, e era vocacionado para encontrar relações inaparentes entre fatos às vezes longínquos. Cito uma única de suas produções; não quero espichar o escrito.

Morando e trabalhando como psiquiatra em Santos, uma cidade do litoral, Newton acabou por se tornar sócio de um barco pesqueiro. Quando o encontrei, logo depois que passou a ser dono do barco, informou-me que, agora, ele tinha identidade profissional ambígua, dupla: passava a ser um "Peixiquiatra".

Numa certa tarde endomingada, alguns anos após nossa formatura, desço a Santos para convidar o Newton e a Lurdinha para serem padrinhos de batismo de minha filha Denise.

Encontro-o fazendo caras ansiosas, fingindo que está desesperado, caras de quem está perdido. Indagado, responde que, **o quê** o põe nesse estado é a dolorosa situação:

– *Não posso mais sair à rua. Terei que viver eternamente enclausurado, dentro de casa. Há dias que já não saio.*

Quando pergunto o obrigatório: "por quê", responde-me com um fato que eu conhecia superficialmente, dadas as repercussões que tivera. Os fatos haviam chegado até à imprensa de São Paulo, onde moro.

Àquela época, vivíamos o auge dos tempos de aparecimentos dos discos voadores. Os famosos "Objetos Voadores Não Identificados". Os jornais e revistas só falavam nisto. Era o assunto do momento.

A opinião pública estava dividida. Alguns acreditavam piamente na vinda à Terra das poderosas máquinas, de onde desciam os hominhos verdes, com cérebro imenso e que se comunicavam telepaticamente, de dentro de escafandros de vidro. Outros achavam que era pura loucura coletiva.

Acontece que minha visita ao Newton, com a finalidade de convidá-lo para ser meu compadre, ocorria justamente no momento em que Santos fervilhava em torno desse tema: os discos voadores. E este acréscimo de burburinho ocorria porque um famoso advogado de Santos, o mais importante e conhecido causídico da cidade, afirmava, para rádios e jornais – e para quem quisesse ouvir – que vira e até viajara num disco voador. Estava ele a passear, numa cálida madrugada enluarada, pelas praias vazias, quando surge o enorme disco, de onde descem os hominhos verdes. Que o convidaram a dar umas voltas pelo espaço sideral. Conheceu planetas e estrelas. Que descrevia com riqueza de detalhes.

Nós que trabalhávamos na Psiquiatria, sabíamos que o advogado estava possuído por frondoso surto esquizofrênico. Mas, a opinião pública sofria a clássica divisão. Mas os jornais e rádios só ridicularizavam o pobre advogado. Caíram de pau em cima do homem.

Pois bem, fui convidar o Newton para compadrio, exatamente neste auge de malhação sobre o ridicularizado advogado. Foi aí que Newton, infeliz, me diz que: *Não posso mais sair à rua, estou enclausurado.*

E me esclarece:

— *Imagine que eu saía à rua. Dou azar, me aparece um disco voador e os hominhos me levam a dar uma volta pelo espaço. Se eu comunicar o que vivi, estou ferrado. Você viu o que os jornais estão fazendo com o advogado, apenas um **advogado**; imagine o que farão com um **psiquiatra** que diga que viajou num disco voador.*

Até aí, tudo muito comum, qualquer simples mortal veria isto. Mas aí, ele acrescenta a originalidade. A originalidade que o fazia antecipar-se a Gregory Bateson:

Imagine, agora, se eu não comunicar. O que acontecerá à minha cabeça?!

***Ter viajado num disco voador**, E NÃO PODER CONTAR ISTO PARA NINGUÉM!!!*

E aí, o que os amigos leitores acham? Quem foi o pioneiro das comunicações paradoxais, sem saída: *ferrado se comunico; ferrado se não comunico?!*

No Tempo das Diligências (XVIII)

18ª estalagem

Meu irmão

2007

Meu irmão

APESAR DA DIFERENÇA de idade – o Carlito era dez anos mais velho do que seu irmão escrevinhador – de vez em quando eu saía a passear de automóvel com meu irmão cínico. Gozador irreverente, este meu irmão. Tinha do mundo visão crítica pra lá de cínica. Pior, só a visão que ele tinha das gentes.

Um ser complexo é uma definição possível. Adorava uma contradição. Chegadinho num paradoxo.

Industrial, rico (que digo?) muito rico (não falo de riquezas morais, falo de grana, euros, dólares), andava de chinelos.

Mas não pensem que gostava de afrontar. A coisa não é por aí. Sua melhor descrição é: havia escolhido um estilo de vida, e defendia sua escolha até a morte. Ponto. Nada a acrescentar.

Na verdade, adorava gozar a si mesmo.

Não afrontava. No caso dos chinelos, creio mesmo que tenha partido para o sacrifício: usou sapatos apertados por alguns dias-semanas, até conseguir alguns calos.

– *Carlito! Na reunião da Federação das Indústrias! De chinelos!*

– *São estes calos que estão me matando...*

Outra faceta: grande industrial que era, foi padrinho de todos – repito – de todos os filhos dos empregados da Fábrica.

Tinha uma generosidade até constrangedora. Elogiar um relógio seu era risco certo. No momento seguinte ele estava no seu braço.

Então, apesar da diferença de idade, eu ia de vez em quando passear de carro com meu irmão cínico.

Quando acontecia de passarmos por bairros chiques – gênero Morumbi, tipo Jardim Europa – parava o carro, olhava comprido os imensos palacetes e dizia, sempre dizia:

– *"Aqui mora a turma do salário mínimo".*

Engatava a primeira, mais alguns metros até a gigantesca mansão de infinitos gramados, e insistia:

– *"Aqui mora a turma do salário mínimo".*

Eu conhecia de velho a irreverência que viria logo a seguir, mas, por vezes, tínhamos carne nova no pedaço, passageiro ingênuo que se escandalizava:

– *"Que absurdo é este que você está dizendo, Carlito?! Aqui mora a turma do salário mínimo?!!*

Aí o Carlito se apressava em clarificar a terrível visão que tinha do mundo e de suas gentes:

*"É; aqui mora a turma **que paga** salário mínimo".*

No Tempo das Diligências (XIX)

19ª estalagem

PHEBO & CIA.

ou

Insights e Disights

1996

NUMA CERTA época da vida, próximo aos 60 anos de idade, comecei a sentir prazer e tranqüilidade em possuir, não uma, mas várias unidades de produtos dos quais gostava muito. Miudezas; nada mais que miudezas: cinco ou seis sabonetes Phebo, quatro ou cinco desodorantes Axe Vert, outros tantos vidros de Nescafé, alguns pacotinhos do fumo Borkun-Riff.

Pouco a pouco eles foram aumentando.

Isso poderia (e deveria) me incomodar, pois eu vivia dizendo que tinha horror ao consumismo, mas não incomodava. Suaves defesas racionalizantes mantinham-me em agradável ego-sintonia: *com essa inflação galopante... tolice não levar três e pagar só por dois.*

Uma promoção aqui, uma oferta ali, e consegui encher minha primeira gaveta com Phebos e Cia.

Um dia leio nos jornais que a Phebo fora comprada por uma multinacional americana. Alerta psíquico geral: *– E se os americanos mudarem a fórmula do sabonete? – Já aconteceu! – E se for uma jogada do tipo "comprar para fechar?" – Isso acontece a toda hora com as cervejas!*

Surgiram as primeiras ego-assintonias, sob a forma de penosas ambivalências: *melhor reforçar o estoque! Por quanto tempo? Sabonete estraga? E Nescafé? Não são só minhocas da minha cabeça?*

No início, conseguia desempatar as ambivalências, levando dois ou três unidades, mas depois as ambivalências tornaram-se *"em dízima periódica"* (a ambivalência que dá sempre o mesmo resultado e não desempata nunca) e eu permanecia minutos e minutos em frente às prateleiras, incapaz de decidir.

(Tive que parar com isso quando, numa farmácia em São Bernardo, chamaram um gorila-segurança para vigiar, à distância, minha atitude muito suspeita).

Em meio a todo esse horror, consegui minha segunda gaveta.

No entanto, eu levava vida pessoal e profissional normais, tudo tinha um caráter circunscrito e pouco invasivo. Não creio que desse qualquer sinal perceptível externamente, além das ambivalências, e só eu, na minha grande intimidade, tinha que me haver com essa região absurda da mente. Sem rodeios, um núcleo neurótico.

Foi nessa época que ocorreram fatos reais, mas de grande repercussão interior, que me deixaram psiquicamente inseguro e mesmo fragilizado.

No auge dessa insegurança e das estafantes ambivalências, ligo a TV e fico sabendo que um funcionário graduado do Fundo Monetário Internacional, FMI, falara inconveniências a respeito da situação econômica brasileira. O governo brasileiro reagira, e o comentarista especulava sobre "retaliações" (sic) de parte a parte.

Foi a famosa gota. E uma pequena porção de minha mente se partiu, deixando dois pedaços separados. Um deles ficou com a certeza absoluta, delirante, que meus preciosos produtos iriam *mesmo* desaparecer do mercado, e eu atuava essa certeza comprando caixas e caixas. Enchi um armário só de Nescafé que, como todos sabem, é propriedade de uma suspeitíssima multinacional suíça, das primeiras a ser "retaliada".

Apenas um *"pequeno"* ponto perturbava minhas aliviantes atuações: o medo de que os funcionários do meu supermercado suspeitassem das compras tão volumosas, freqüentes e direcionadas. – *"Eles estão pensando que sou maluco. Ou contrabandista"*, eu não mais perguntava, já afirmava. Passei, então, a fazer compras furtivas, e a diversificar os supermercados. Foi também necessário esconder e espalhar os meus produtos. – *"Algum amigo abelhudo pode vir me visitar..."* Escondi dezenas de caixas de Phebo na casa da praia. (Para grande espanto dos meus filhos, que só agora, vinte anos depois, estão sabendo das razões das dezenas de caixas de Phebo. Ao lerem esta Diligência).

Vejam o triste destino das partes mentais cindidas e dissociadas: quando, alguns dias depois, o desastrado funcionário do FMI foi devidamente despachado e a soberania nacional recomposta, (nada de retaliações!) minha mente registrou este fato como se eu não tivesse nada a ver com ele. O que quer dizer: defesas suaves, que deformam pouco a leitura da realidade, já não eram eficientes, e a eficiente "negação" deixava grandes porções de realidades não incorporadas à mente. Sem saída!

(Escrevi num dos meus livros a seguinte frase, para lembrar aos jovens, as importantes conseqüências **das negações**: *a negação é igual a uma alucinação, ao contrário. A alucinação faz aparecer o que não existe; a negação faz desaparecer o que existe*. Só que não parece. Quando dizemos que um paciente está alucinado, imediatamente levantamos hipóteses diagnósticas severas. Habitualmente psicose. No entanto, falamos **negação** com a maior naturalidade: *"aquele paciente é um negador"*).

Fiz questão de enfatizar este fato (o jogo das aparências), em benefício da prática. É que, ambas são sinais de loucura grossa, mas uma delas não parece e facilmente passa desapercebida.

A outra parte dissociada ficou com as auto-recriminações:

– *Consumista abjeto! Abjeto e disfarçado! Onde está o viver enxuto e contido por convicções políticas? Qual convicções políticas, qual nada!*

Porém, as recriminações não influenciavam as atuações, nem o vice-versa. Cada uma tinha vida psíquica própria. Sem rodeios: um núcleo esquizofrênico.

Não posso deixar de registrar os ganhos profissionais, em perceber e compreender *internamente e miniaturizado*, os mesmos mecanismos mentais que encontro, em tamanho natural, nos meus pacientes. Inclusive nas mesmas seqüências, não lineares e mecânicas, mas, como tendências: distúrbios de comportamento → ansiedade ancorada, → neurose → ansiedade flutuante e desorganizadora → psicose ou depressão, e/ou descarga no soma, e/ou volta aos distúrbios de comportamento, com ou sem caráter psicopático, e/ou perversões. Fica a impressão que são as formas básicas que a mente tem para tornar suportáveis a acumulação de sofrimento psíquico em níveis insuportáveis.

Meses deste estado mental geram uma ansiedade peculiar, diferente de outras ansiedades, como a ansiedade derivada da perda de objetos internos, por exemplo.

Grandes quantidades de energia têm que ser destinadas para manter a mente unida. E essa destinação energética tem mesmo que ser priorizada, pois, posso testemunhar, essa ansiedade tende a ganhar as mesmas características dos tumores: invasiva e metastática. Áreas mentais próximas, mobilizadas por situações assemelhadas, antes livres, ficaram invadidas pelos conflitos. Por exemplo: passei a ter as mesmas ambivalências para comprar roupas e sapatos. Também circuitos mentais longínquos, sem nexo lógico com os conteúdos dos conflitos, foram alcançados, à semelhança das metástases: passei a ter medo de viajar de avião, por exemplo.

Esses níveis elevados de ansiedade obrigam a mente a um jogo de Tudo-ou-Nada, esta a impressão que tenho.

Qualquer resolução, mesmo absurda, é preferida à manutenção do estado ansioso insuportável.

Se houver defeitos estruturais da mente e/ou condições adversas de realidade (principalmente relações humanas ansiógenas), a única saída disponível para metabolizar a ansiedade são os "disights", o que leva à estabilização das cisões, sob a forma de núcleos delirantes.

(Estou desprezando a possibilidade de descarga da mente no soma. Sou pessoa de mentalização rica, portanto, não vocacionado para psicossomático. E sou, menos ainda, um grande atuador. Resulta que tenho que pagar o preço dos meus conflitos apenas na mente. E em moeda sofrida: ansiedade.)

Como se vê, a estabilização de um núcleo delirante é um alto preço a pagar pela diminuição da ansiedade. Que será pago, mais tarde, por afastamentos progressivos da realidade. Mas, como a parte mais poderosa e atuante da mente (o inconsciente) é *atemporal* , não tem recursos para lidar com o **depois** e com o **mais tarde**. Só pode jogar com o que está presente agora. *O* **inconsciente não mede conseqüências**. A mente consciente, que tem conceitos lógicos de espaço e tempo, coitada... não é páreo para a outra.

Quando as condições de estrutura mental e de realidade são favoráveis, a ansiedade força a *reunificação da mente*.

Unificada a mente, as leituras das realidades voltam a ser dialéticas e não mais dilemáticas, com o que se desliga a usina produtora da ansiedade. Velhas coisas são vistas com olhos novos, inclusive antigos enganos produzidos pela mente infantil. No conjunto, uma sensação de pequeno renascimento.

Quando todos esses, e muitos outros *rearranjos mentais* ocorrem, costuma-se dizer que ocorreu um "insight". Que o povão, no seu delicioso linguajar, chama de "caiu a ficha". A vivência de iluminação é o estado mental *decorrente* dos rearranjos dos conteúdos psíquicos, e não o seu indutor.

Foi o que aconteceu comigo. Quando a mente conseguiu alguma reunificação, pude ler a realidade com clareza:

– *"Lógico que os sabonetes não vão desaparecer!"*

Mas, por que eu tinha tanto medo que fossem?

Porque era um engano que a mente produz para evitar encarar o medo verdadeiro: o medo que *desaparecesse a minha capacidade de comprar as miudezas de que gostava tanto*. Medo insuportável da velhice e de suas incapacitações.

A morte não é o maior dos meus medos. Afinal, nosso bom Freud já nos ensinava que ela tem um poderoso impulso a animá-la. O meu calcanhar – e o meu Waterloo – é o medo à velhice, e a conseqüente perda de autonomias. O maior dos meus medos é a dependência. O que me levou a negá-la e representá-la por símbolos.

Tive que me haver com várias traquinagens do inconsciente, sempre na linha da negação das perdas. Cito uma, bem didática para objetivar o que a necessidade de negar faz com a cabeça.

210 Oswaldo di Loreto

Recém-operado de uma pesada cirurgia cardíaca fui à chácara São Pedro, onde, antes, eu jogava futebol muito (e bem), só para *assistir* uma partida. No vestiário, "babando" de inveja de ver os amigos se prepararem, tive um "rapto", um desdobramento de consciência. Inteiramente no "piloto automático", me paramentei como pude e joguei a partida inteira (para mudo espanto dos amigos) com vitalidade de atleta e não de convalescente. Mais tarde, com a consciência recomposta, a alegria de possuir, mesmo que ilusoriamente, plenas capacidades era tamanha, que, em nenhum momento me passou pela cabeça ter medo das conseqüências. Esse funcionamento mental muito primitivo, ao menos, faz "serviço completo". Os leitores viram: eu me julgava, se não imortal, ao menos imorrível.

Voltando aos Phebo & Cia., reparem numa curiosa proporção: a insignificância do preço dos símbolos (1 Phebo = 45 centavos; 1 Axe Vert = 1,60; preços de promoção, lógico) dá a exata medida da intensidade dos meus medos.

Comprovo nessa vivência pessoal o que minha prática sempre me ensinou, isto é, os símbolos são assim: precisos, poderosos, específicos e funcionais. Por serem a linguagem do inconsciente, são a melhor ferramenta que temos para trabalhar a mente, talvez a única realmente eficiente.

Quero relatar também, uma intrigante conseqüência de um bom *insight*: uma espécie de desenovelamento automático, e que não necessita de iluminação: desamarrado um nó, corre toda a fileira. E fileiras distantes, resgatando metástases. Como se pudéssemos falar de **para-insights** e **meta-insights**, a partir de um **orto-insight**.

O **orto-insight** trouxe ganhos imediatos e estáveis:

❶ – Parei de projetar minhas mazelas, meus medos e meus conflitos e, com isso, deixei de fabricar perseguidores. (Melanie, Melanie, quão lúcida e perspicaz tu és!). O caráter psicótico da coisa desapareceu imediatamente. Se eu não aprendesse comigo mesmo o que é uma mente esquizoparanóide – com seus ricos mecanismos de identificação projetiva – e, posteriormente, uma depressão, não aprenderia jamais.

❷ – Parei de atuar o sintoma. Caixas e caixas não mais me eram necessárias. Discretamente, fui me desfazendo do velho estoque de sabonetes e desodorantes. [Algum interessado?].

Os vidros de Nescafé continuam, porém, um problema insolúvel (com ou sem trocadilho). Como dar de presente de Natal, ou de aniversário, um vidro de Nescafé???

Porém, há limitações no alcance dos *insights*. A mais renitente delas é a vocação que a psicose tem de se encastelar na neurose, à espera de novos e mais profundos *insights*. A imensa maioria das vezes passo pelas lojas impávido-colosso. Mas, uma ou outra vez (malditas promoções!) voltam as ambivalências: *"sim, não, e se eu levasse um sabonete só?..."* Agarro-me a qualquer coisa, principalmente ao chiste e suas relações com tudo, inconsciente, pré-consciente, consciente, infraconsciente, paraconsciente, tudo! Fico fazendo gracinhas

212 **Oswaldo di Loreto**

comigo mesmo. Por exemplo, parodiando Shakespeare: *"O covarde morre mil vezes."* Digo: *"O ambivalente sofre mil e uma vezes."*

Até agora não perdi nenhuma parada.

❸ – Desde há muito que a psiquiatria psicodinâmica sabe que distúrbios psíquicos, inclusive psicoses, não são tolices, "bobagens sem sentido", por mais que seus sintomas o pareçam. Bem ao contrário, disparates evidentes, (como possuir caixas e caixas de desodorantes tendo, apenas, dois sovacos), são indicadores de que alguma realidade não está podendo ser lida e incorporada mentalmente.

Portanto, um bom *insight*, não apenas "conserta a cabeça", como também deve "consertar" as relações com as realidades dolorosas. Como uma espiral teoricamente inesgotável: mente → realidade → mente → realidade.

O meu *insight* foi dos bons. Percebi, através dos símbolos, os seguintes aspectos:

1º) da mente: tenho um medo insuportável do envelhecimento;

2º) da realidade: sempre vivi tendo olímpico desprezo pelo acúmulo de bens materiais (meu aspecto mais sadio) e também pelos cuidados com saúde física (meu aspecto mais doente). Porém, com o envelhecimento real, esses desprezos deveriam se tornar menos olímpicos, isto é, com mais respeito pelos meus medos. Mas, não: mesmo quando me aposentei com polpudos 248 reais por mês, não tomei nenhuma providência realista. Só resmunguei com amigos e amaldiçoei a Previdência Social.

(Mas, tranquilizem-se os amigos. Isto foi em 1996. Hoje, não mais tenho problemas econômicos: Minha aposentadoria subiu para – segurem-se! – 987 reais).

De modo que, com as perdas da capacidade de trabalho, poderia ir à ruína *mesmo*. Ou me tornaria um peso, um "saco", para amigos (ex-amigos) e parentes. *A negação era tamanha que precisou de um pequeno surto psicótico para eu me avisar disso. Está proporcional!*

Procuro, hoje, ganhar um pouco mais de dinheiro com meu trabalho e, com mais algumas providências está se desfazendo todo o circuito.

De quebra, um outro ganho da melhor qualidade: minhas definições políticas (item tardio e adulto da identidade), estão hoje, mais des-invadidas de neuroses infantis. Continuo, pois, com minhas grandes convicções socialistas (macrossocial) e pequenas práticas comunitárias (microssocial), quais sejam: autolimitar os privilégios individuais, procurar levar o Outro em consideração nas relações pessoais e privilegiar o social sempre e quando se age nesse campo.

Uma insegurança tão importante não pode ser, apenas, atual. Foi atualizada. De fato, ela se assenta sobre uma velha conhecida minha: a insegurança básica. Não obtive nenhum ganho nesse ponto.

Assim, minha insegurança básica continua... básica. Não creio, mesmo, que haja atualmente qualquer recurso que consiga reformar os alicerces da personalidade.

Também não parei de fumar, apesar da compreensão intelectualizada de que é um elo da corrente da negação. (Não estou dando, pois, meus Borkun-Riff. Percam as esperanças!).

Ainda no campo dos ganhos, acrescento mais uma comprovação prática, entre as inúmeras já feitas, da sagaz percepção freudiana de que grandes núcleos conflituais podem se exteriorizar apenas por pequenas esquisitices, minúsculas irracionalidades. Estou, hoje, bem mais atento a elas, em mim e nos meus pacientes, convencido que estou de que a psicopatologia da vida cotidiana não seja só cotidiana.

Por fim, *last, but not least*, um ganho do tipo à distância, resgate metastático, pois refere-se ao longínquo campo da escrita. Há 26 anos não escrevia uma linha. Ou pior, escrevia algumas linhas e parava; escrevia e jogava fora "este mobral psicológico". Para levar este escrito até o fim, tive que me haver com muitos demônios. Uma incompreensível e poderosa interdição me proibia de produzir qualquer coisa escrita.

Mas agora correu o fio das inseguranças e estou produzindo algumas coisas: um artigo sobre pontos em que minha prática clínica coincide e confirma pontos da teoria psicanalítica, e pontos que não coincidem e por quê; um trabalho sobre a origem (gênese) dos distúrbios psíquicos; e, coletando material para um trabalhão sobre semiologia em clínica psicológica da infância.

Escrevi as primeiras páginas destes três artigos com grande prazer. As idéias fluindo sem maior esforço. O gosto de isopor que sempre sentia ao tentar escrever, parece-me (toc... toc... toc...), ficaram para trás.

No entanto, permanecia uma sensação, não desprazerosa, de falta, de vazio. Continuei escrevendo os artigos assim mesmo, até que, num momento, entendi: não se abandona um buraco de 26 anos, como buraco. Não faz sentido retomar do ponto onde, há 26 anos, parei (um artigo psicológico para um tratado de pediatria), como se nada tivesse acontecido no meio. Precisava alguma ponte que ligasse os dois momentos.

Pareceu-me simplesmente natural que fosse este relato introspectivo sobre os acontecimentos que me permitiram recuperar, há tanto perdida, a capacidade de escrever. Por isso, este escrito tem o indisfarçável toque da Nona Sinfonia de Beethoven: *Ode à alegria*.

E é também uma "comunicação aos amigos" que me incentivavam a escrever e aos quais eu sempre respondia: *"não consigo, não vai"*.

– Pois, amigos, ***está indo***!

P.S.- Este artigo já estava escrito, quando ocorreu um último *insight*: as conseqüências danosas dos *insights*.

Estou redigindo, pois, este *Post Scriptum* para, honestamente, prevenir os amigos: ***muito cuidado com os insights !!!***

Ao nos fazerem ver o passado com olhos novos, os *insights* nos tornam infiéis aos compromissos assumidos neste passado. E até injustos com velhos companheiros de batalhas.

Vejam só: *já nem mais uso sabonete Phebo*!!!

No Tempo das Diligências (XX)

20ª estalagem

A patologia da vida psi cotidiana

(Um dia cotidiano na vida de um clínico psi)

1996

A AVENIDA RUBEM BERTA estava inesperadamente gentil e chego ao ambulatório pontualmente às 8 horas. Aliviado.

Vivo atormentado com a possibilidade de atrasos. Acontece que, além de enfrentar a Rubem Berta, tenho que, antes, deixar meus filhos no Jardim da Infância (a mãe pega na saída) e é aquela luta para eles tomarem café, vestirem a roupa, fazerem cocô etc... etc...

Não quero criar casos nesse emprego. Gosto muito dele.

É, como se costuma dizer, um Serviço Público. Um ambulatório de psiquiatria incluído em importante hospital geral. Tenho, portanto, possibilidades de me socorrer de consultas a outras clínicas e de exames de todas as naturezas. Temos nosso próprio serviço de psicologia e de assistência social. E reuniões clínicas e científicas.

Além disso, e principalmente isso, a chefia é humanizada, próxima, razoável. Não foi difícil concordarmos, por exemplo, em que se limitassem os atendimentos de cada médico a oito casos por dia. Nas quatro horas de trabalho, cinco casos novos, três retornos. E como nesse serviço aqui, o chefe é de longe a melhor pessoa e o melhor clínico, não há invejas, luta por poder, puxadas de tapete ou assemelhados.

O trabalho é organizado de forma inteligente. Cada médico faz três dias de atendimentos de Casos Novos (ao que chamamos "fazer a porta"), e dois dias de "retaguarda", isto é, tratamentos. Habitualmente Psicoterapia de Grupo. Ambos com horários marcados.

Não sendo um hospital universitário, tem verdadeiro "espírito" e práticas universitárias: *em se trabalhando, aprende-se*.

Sei que são apenas condições normais para um bom trabalho, mas comparativamente ao que está por aí, trabalhar aqui é um privilégio.

Os leitores compreendem, pois, que não quero chegar atrasado ou criar qualquer caso. Sair desse emprego, então, nem pensar. Apesar dos salários baixos. (Outra coisa que reconforta: aqui os salários são baixos para todos).

Vou viver o pedaço bom do meu dia de trabalho.

Vejo que a pilha de oito prontuários está completa. Ninguém faltou.

O primeiro caso novo: jovem, 22 anos. É um neurótico. Neurótico como os de hoje em dia, não como os que se faziam antigamente, os neuróticos dos livros. Não é histérico, não é fóbico, não é obsessivo. Simplesmente uma vida desperdiçada.

Com sofrimento indescritível, conta-me suas mil vergonhas, inseguranças e inibições. Não suporta mais sua timidez que o impede de conseguir emprego, fazer amigos e "cantar" qualquer garota (acaba se masturbando, morto de vergonha e de culpa). Parece saído do *Pneumotórax,* de Manuel Bandeira: *"Tudo o que podia ter sido e que não foi".*

Passa o dia perambulando sem destino, compensando-se com fantasias, ou pior, fica em casa com a mãe, que o inferniza criticando sem criticar sua inutilidade, e ao mesmo tempo acha defeito e poda qualquer iniciativa que tome.

Um inferno "batesoniano". (De duplas mensagens). Sua verdadeira verdade é que gostaria de esganá-la com as próprias mãos, mas *"a adora"* e *"não consegue viver sem ela".*

Sobrevive de seu único ponto forte: é bom de fantasia.

Seu desamparo é comovente. Principalmente porque não tem sintomas. Viver é o sintoma.

Estes pacientes despertam uma vontade danada de ajudá-los, não? Mas a pilha de sete prontuários me faz olhar no relógio (de esguelha; não quero que se sinta intruso, *"tomando seu precioso tempo, Doutor").*

Já faz 40 minutos que estou com ele. Preciso encerrar, mas ele não está esvaziado. E vai saber há quanto tempo aguarda ansiosamente esta consulta!? Não posso simplesmente terminar como música árabe, que acaba de repente. Há que dar um destino a tudo que me contou com tanto sentimento.

Penso: caso bom para psicoterapia. Titubeia quando lhe falo do Grupo. Carente e assustado como está, tem medo de gente. Mas é a terapia que tenho.

Insisto, pois não quero lhe receitar um Valium qualquer.

224   Oswaldo di Loreto

Já é dependente demais de quebra-galhos (a mãe, a masturbação, as fantasias).

Aceita, meio empurrado. Vamos juntos ver o caderno de marcação para grupos. Ficamos ambos sem graça. Eu mais do que ele. Estão completos e já com uma pequena fila. (*Deveria ter visto isto antes. Nem me lembrei*, me acuso). Não sei o que fazer, mas não agüento a idéia de que ele não se agüente durante um mês, primeiro dia de retorno regular que tenho. E não vou fazer a maldade de "encaminhá-lo" vaga e indefinidamente a outros serviços, que estou careca de saber, estão tão lotados quanto o meu. Acabo marcando retorno para a próxima semana, num horário que não tenho. Vagamente às 10 horas. (*"Na hora me viro"*, espero.)

Só bem mais tarde é que me ocorre: *"Bobagem este medo que tive que ele não se agüentasse um mês. Ele vive (?) assim há séculos. Tem curso completo de ansiedade. Com doutorado, pós-graduação e PhD"*.

(Termino me prometendo: *"Preciso corrigir este sentimentalismo que me leva a criar estas confusões"*).

É fogo ser médico jovem, pouco experiente.

Estou atrasadíssimo. Quando vou chamar o primeiro retorno, estão (já que é um casal) com os narizes torcidos e olhando no relógio significativamente. E eu sei **por quê**.

Este retorno é uma "devolutiva" que venho adiando. E usando os mais variados subterfúgios: mais entrevistas, mais

Casos & Causos acontecidos No Tempo das Diligências

testes psicológicos, exame neurológico etc. Procurando, inutilmente, achar um jeito bom de dar más notícias. As tais das "comunicações dolorosas". E principalmente, criar coragem.

Sintam o drama junto comigo:

Há três meses, atendi como Caso Novo um homem que veio me pedir um "atestado que seu filho era gênio". Assim, desse jeito, *"tout court"*: *"atestado que o filho era gênio"*. Em abono de sua tese, trazia alguns desenhos, que, de fato, eram muito bons para uma criança de cinco anos. Desenhos com toque artístico.

Expliquei-lhe que não poderia fornecer-lhe tal atestado. Deveria, antes, examinar o menino.

Entendeu que eu estava desconfiando dele e sugerindo que os desenhos não eram do filho. Fez um "auê" desgraçado no ambulatório. Coisa de doido.

Depois de longo e (im)paciente manejo, consegui que marcasse consulta para examinar o menino.

Os leitores já devem ter desconfiado. Deu tudo contra: Piaget, Binet, Wechsler, Raven, Walter Trinca, todos contra. O garoto tem inteligência mediana, comum. Só não deu Picasso contra. Ele tem realmente grande habilidade para desenho. Mas não é nisso que os pais estão interessados. Não querem um atestado de que o filho é artista. Querem que eu diga que o filho é gênio.

Toda a coisa tem caráter delirante. Os pais querem levar o filho para os Estados Unidos. Está tudo pronto. Só falta o bendito atestado.

Eu disse "os pais" no plural, porque a mãe está na mesma. *"Folie à deux"*. Contando comigo, *"à trois"*.

Tentei nas entrevistas anteriores dizer delicadamente a verdade. Não escutam.

Gastos todos os pretextos para adiar este momento, vou pelos corredores pensando sobre minha postura possível neste caso.

Sento-me na minha cadeira, eles nas deles, assumo a postura de **boi no matadouro**, e começo a devolutiva.

Vicente Matheus, o lendário presidente do Corinthians é que dizia: *"Quem sai na chuva, é pra... se queimar!"*

E me queimei. Feio. Saíram, aos gritos, direto para a Superintendência. *"Dar parte"*.

Nenhum leitor *do ramo* deve estar surpreso. Ou chorando por mim. Pode chorar por si: atende todos os dias casos irracionalíssimos.

Mais atrasado ainda e com a frágil crença de que a humanidade seja uma espécie viável seriamente abalada, vou buscar o próximo novo.

Mulher, 48 anos, aparenta ter 1.000, vem com a filha de 20, que aparenta ter 48. Esta me informa que a mãe tem "mania de perseguição", há muitos anos. O marido não agüentou e se picou. Sobrou pra ela.

Daqueles casos de "partir o coração".

Desde que o pai as abandonou, cuida da mãe o dia todo

de todos os dias. Desde menina *é a mãe da mãe*. Esqueceu e aniquilou sua própria vida. Uma vida inutilizada, inutilizando outra. Não se queixa, não resmunga, não amaldiçoa. Nem mesmo ousa pedir ajuda explícita, de tanto que sente como sua a obrigação de cuidar da mãe. Vem ao hospital porque não sabe mais o que fazer para que a mãe coma. *"Ela acha que a comida está envenenada"*. Emagreceu muito.

Muito comovido com a situação dela, filha, sugiro internação, certo de que me beijará as mãos, de agradecida. Puro engano. Sua reação é reticente. Pede-me um remédio *"que faça ela comer"*. Digo que não tenho tal remédio e que os remédios que a mãe já toma são os melhores conhecidos. Relutante, aceita a internação.

Só mais tarde entendo a óbvia ambivalência da filha: se de um lado, a internação alivia sua responsabilidade, de outro, retira o único sentido que deu à sua vida, cuidar da mãe. A mãe-filha-paciente, alheada, não agradece nem protesta. Há muito, sua mente retirou-se dos dramas humanos que ocorrem à sua volta.

Enquanto preencho os papéis necessários à internação, minha cabeça vai longe. Vem-me agudamente, à mente, um supervisor que tive quando era mais jovem e inexperiente ainda. O di Loreto. Ele era vidrado no estudo da relação médico-paciente. Não só médico-paciente. Clínico psi-paciente. A cada 28 segundos lembrava-nos da importância da mobilização emocional que ocorre em nós, clínicos psis, em todos os atendimentos. *"Sangria emocional"*, como ele chamava. E que ganha seu ponto mais intenso, hemorrágico, no atendimento inicial, no caso novo. Vidas inteiras são compactadas em 15, 20 minutos. E selecionados pelos aspectos mais dolorosos e mais trágicos.

Ele dizia que aprendeu isso atendendo e achou confirmação nos livros de Balint. Que estudava e trabalhava com a "sangria emocional" dos médicos. Qualquer médico.

Evidentemente, ele e Balint têm razão: atendi até agora três casos. Habituais, comuns, dos que atendo todos os dias. E vivi três situações de "sangria": duas sangrias de pena (principalmente este último caso), e outra de medo, com os pais do menino que deveria ser gênio.

E não é somente a questão de "viver" estas pesadas e constantes emoções. Tão, ou mais importante é conduzir o caso por essas emoções. (Na verdade, não seria "conduzir". Seria mais "ser conduzido" por elas).

(*Preciso retirar os livros de Balint da poeirenta pilha de livros "indispensáveis e a serem lidos brevemente"*, me prometo com passageira, mas honesta solenidade.)

Custou-me muita pena da moça, mas neste caso, sendo a internação útil e necessária, me senti, ao menos, eficiente.

Volto à sala de espera buscar o Novo seguinte. Rapidinho, pois não quero me atrasar ainda mais, se não acabarei

CASOS & CAUSOS ACONTECIDOS NO TEMPO DAS DILIGÊNCIAS   229

perdendo a reunião que tenho à noite do Movimento de Luta Antimanicomial.

É uma mulher de 38 anos. Na verdade, procura por causa do filho de seis. Descreve-o como "o capeta". Não tem parada. Destrói tudo. Faz mil maldades por dia. Já foi expulso de todas as creches e escolas do bairro.

Vem da Neurologia. Destruiu o consultório do neuropediatra que, com compreensível ódio, o encaminhou para a psiquiatria. (*"A psiquiatria é mesmo a lata de lixo do hospital"*, constato pela milésima vez.)

A mãe me conta a história do garoto que, na verdade, é a sua. (Nunca sei direito quem é *"o paciente"*). História trágica. Só feita de desencontros.

Veio do interior de São Paulo com 19 anos, morar com uma tia. Arranjou emprego, pouco mais que salário-mínimo. Grana curtíssima. Quase nenhum prazer. Vida seca e ruim de fantasia. Com o último e agônico suspiro de Eros, namorou o pai da criança. Metropolitano insinuante, levou-a pra cama. O que ela, secreta e medrosamente, também desejava. (*Mas isto ela não vai admitir à consciência consciente nem morta*, logo constato).

Deu azar: uma trepadinha, uma gravidez. Nem sentiu prazer. Quando contou pra ele que estava prenha, soube que era casado, com sogra, filhos e tudo o mais de direito. Vergonha. Vergonha. Vergonha. Ódio. Ódio. Ódio. (*"Tudo que podia não ter acontecido, mas aconteceu"*, lembro-me de ter lido num *Psico-Pneumotórax*, paródia escrita pelo di Loreto). Sem saída, aceitou concubinar-se. A tia não aceitou. Alugou um barraco de zinco. Chão de estrelas.

Com a gravidez perdeu, além da casa e da tia, também o emprego. Nunca mais conseguiu trabalhar regularmente porque o filho não fica nas creches e nas escolas. Antes, porque chorava *"o tempo todo"*; hoje, pela agressividade e destrutividade. Evolução habitual. De cada 100 crianças que atendo com queixa de *"quando pequeno chorava o tempo todo"*, 90 tornam-se agressivos e destrutivos. Mobral de delinqüência.

Vivem grudados. Ralha e bate nele o dia inteiro. Recebe pontapés e cusparadas.

Isto durante o dia.

As noites, estas, só poderiam ser cantadas por antigos poetas gregos. Solitários, infelizes, desesperadamente necessitados um do outro, deitados na única cama, do único cômodo, dão uma perigosa sopa pro Édipo.

No ginásio me ensinaram a fórmula dos explosivos: salitre, enxofre e carvão. Explosivo ginasiano. Explosivo nível universitário aprendi mais tarde: amor, ódio e sexo.

Droga e *rock'n roll* dão pós-graduação. Já, já, o garoto chega lá.

O pai passa "de vez em quando" no barraco e deixa algum dinheiro. Quase nada. As brigas são homéricas.

A mãe tem um único sentimento na mente: ódio infinito pelo pai da criança. E o seu par obrigatório: pena mais infinita ainda de si mesma. Não fala de outra coisa. Ficaria oito horas comigo detalhando cada uma das "safadezas" que o pai da criança fez e faz com ela. (*Logicamente, as mil "sadicadas" que dá nele são "justas"*).

Quando fala mal dele, sua expressão é orgástica: o gozo inefável trazido pelo "honesto ódio".

Fez do filho seu confidente e depositário. Não se dá a menor conta de que é ela, mais do que a própria ausência do pai, quem está transformando o filho numa fera. É a mais trágica cegueira que encontro quando atendo casos de crianças.

O neuropediatra passou medicação sedativa. Mostra-me a receita. Doses pesadas. (*O colega ficou com ódio mesmo*, confiro). Mas mesmo assim, não está adiantando. Dorme um pouco depois do remédio. Quando acorda, está mais agitado e mais agressivo ainda. Me pergunta se deve continuar dando. Sinuca de bico: não quero bulir na prescrição do colega, mas aquilo não é prescrição, é raiva pura. "Afinado" como o original, dou uma de Pôncio Pilatos: lavo as mãos e aconselho-a a voltar ao neuropediatra.

O exame do menino só serviu para eu absolver o neurologista (na verdade, para nos tornarmos ambos culpados do mesmo delito). Quando quis colocá-lo dentro da sala, deu-me tal ponta-pé que tive ganas de duplicar a dosagem.

(*"Preciso melhorar minha capacidade de continência"*, me recomendo. *"Sendo eu um bom psi, devo entender perfeitamente que ele não chutou 'minha' canela, mas sim a canela 'do terapeuta'. Deveria sentir menos dor e menos raiva do que um mero neurologista")*.

Mas, ainda não aprendi a não sentir dor "transferida". Continua doendo em mim. Talvez porque sou um médico jovem. (*"Quando crescer, chego lá"*, me consolo.)

Marco retorno para a mãe. Só pra dar alguma satisfação, porque sei direitinho o que vai acontecer: rigorosamente nada.

Como já disse, não sou muito experiente. Apenas seis anos de formado e trabalhando em dois ambulatórios, este pela manhã, outro à tarde, mais uma ponta de minguado consultório particular no fim do dia. Mais um plantão noturno por semana, e outro de 24 horas num fim de semana por mês, em hospital psiquiátrico.

Não sou experiente, mas já aprendi muita coisa. Aprendi, por exemplo, que não há nada neste mundo que faça desaparecer o ódio que esta mulher tem pelo pai da criança. É sua razão de viver. Ela se alimenta dele. É um ódio sentido como "honesto" em relação à própria mente. Não deixa culpas. A devastação acontece fora: no caso, no filho. Sem desligar essa turbina geradora de ódio, fica humanamente impossível ajudar o menino.

Quando era mais inexperiente ainda, tentava fazer as mães compreenderem os inconvenientes para o filho desses ódios. Ainda cometia orientações. Pura perda. Sempre deu Freud-contra. Cutucando culpas, os ódios ficavam mais irracionais ainda. Sem saída.

Enquanto marco o retorno, fico devaneando um pouco sobre as maldades que a minha profissão faz comigo, todos os dias.

(E não vou deixar de dividir essas "maldades" com os leitores.)

– Quando está colocado no meu lugar, o que o leitor do ramo faz com casos como estes?

Refiro-me aos casos em que há, sim, um componente de loucura, mas nos quais, a loucura se assenta sobre a miséria.

Loucura e pobreza fazendo uma pasta indiferenciada, uma retroalimentando a outra, em vícios circulares de velocidade cada vez mais rápidas e que só se encerram com uma tragédia.

Inexoravelmente com uma tragédia.

Imagino que o leitor, do ramo, deve viver na cabeça, como eu, a mais iníqua das dissociação. A dissociação ideopragmática.

Enquanto está compreendendo o caso, jogando com as idéias, entendendo o componente "loucura", tudo flui admiravelmente. Mesmo clínicos pouco lidos e pouco experientes como eu saboreiam a satisfação intelectual de uma compreensão redondinha.

Mas no momento de agir, de ser útil e pragmático, o caso se apresenta pela outra face, pela miséria. O leitor e eu vamos ter que agir através da pobreza, da inexistência de recursos. Isto é, não agir.

Evidentemente, não conheço a condição clínica dos leitores. Alguns devem atender nossa boa aristocracia econômica e talvez já nem mais se lembrem de seus inícios. Mas todos, seguramente, temos restos de lembranças dos nossos primeiros aprendizados, pois são feitos sempre em cima destes miseráveis.

Eu, jovem, que não trabalho com amostras selecionadas, mas sim com a representação mais pura de nossa população, atendo sete, oito casos de miséria absoluta, para dois, três "remediados" e um de boa situação econômica. Retrato fiel da população da minha terra. Como dizia Manuel Bandeira, que sabia dizer as coisas: *"Tão Brasil!"*

– O que os leitores do ramo fazem? O mesmo que eu?

Emprestem-me vossas orelhas e ouçam-me contar de mim.

Eu, jovem clínico psi, ameaçado de aniquilamento profissional, faço, inicialmente, *uma poderosa formação reativa* e começo a idealizar adoidado: psicoterapia pro garoto, psicoterapia pra mãe, convocar o pai pra orientação, consultar o neuropediatra sobre outros remédios etc... etc.

Aí, vêm à minha cabeça duas lembranças:

1) lembro-me de que esta mulher não tem dinheiro nem para a condução, e que, até para vir ao hospital, tem que passar pela humilhação de pedir passes.

2) lembro-me das supervisões do di Loreto e de sua advertência mais comum, mais sensata e mais "psicológica". Ele sempre dizia: *idealizou, si fudeu!*

As duas lembranças são um bom antídoto contra idealizações delirantes e reconheço humildemente que para mudar a cabeça da mãe, haveria que realizar transplante cerebral, isto é, mudar a cabeça dela *concretamente*.

Reconheço também que psicoterapia pro garoto, só se for oito vezes por semana. E com dona Melanie Klein.

Relutante, mas tenho que aceitar a evidência de que remédios também não funcionam nestes casos. Os leitores do ramo e eu já constatamos centenas de vezes que nenhum remédio dissolve ódio.

Mas o caso continua em nossas mãos e o leitor e eu não sabemos o que fazer. Surge, então em mim, o irresistível desejo de ser clinicamente desonesto e apelar para a *empurroterapia*. "Encaminhá-lo". Para o Serviço Social, por exemplo. Que também não saberá o que fazer devido aos "aspectos psicológicos". E vai "encaminhá-lo". Para Deus, por exemplo. Ou para o vice.

Bom-caráter que é, o leitor resistiu à tentação de "encaminhá-lo". Ele continua nas suas mãos, portanto. Profissional responsável, o leitor do ramo também não quer brincar em serviço. Sabe que está atendendo o futuro psicótico. Ou assassino. Nenhuma mente agüenta, sem implodir, tantos anos destes níveis bárbaros de ansiedade.

– Por favor, o que é que os leitores do ramo fazem com casos como este?

236   Oswaldo di Loreto

Eu, da minha parte, neste caso aqui, tive uma *"boa idéia"*, e vou fazer a única coisa não idealizada que me ocorre. Colocar o nosso *status* (do hospital e meu) a serviço desta gente. E confiar na reserva de humanidade que (ainda) existe no povão. Classe média (como eu) faz generosidades; a aristocracia, filantropias; o povão "assume junto".

Vou escrever uma carta pessoal, (em papel timbrado do Hospital e tudo mais) explicando o sentido, o significado (não a importância, que todo mundo percebe), deste garoto *ser contido* numa escola.

Apesar dos meus poucos anos de experiência, já aprendi que essa é a chave do segredo. Suportar a agressividade não por simples tolerância, mas por conhecimento e compreensão da necessidade do outro. Estou entendendo melhor os nomes da psicologia. Tolerar por compreender = conter.

Contido por algum tempo, esse garoto derrete que nem manteiga. Já vi isso acontecer muitas vezes. Algumas vezes comigo mesmo. Ele tem apenas seis anos. É razoável esperar que sua mente não esteja empedrada.

Boto esta carta nas mãos da mãe e peço para ela entregar em todas as escolas de sua região (inclusive nas que já o expulsaram). Não acredito que não haja uma professora, uma diretora ou uma orientadora que, compreendendo a situação desta família, não se disponha a se empenhar em contê-lo. A compreensão deve determinar "sentido de causa". Muito diferente de "suportar um pentelho".

Vou colocar a serviço da escola todos os recursos que eu e o hospital pudermos dispor. Marcarei também tantos retornos quantos conseguir. Mesmo que seja, apenas, para o garoto vir chutar minha canela. *Estar em tratamento*, cria uma esperança de perspectiva. Para a mãe, para mim, para o garoto, e para a (possível) escola. Alguma coisa está sendo feita. Ninguém investe em causa perdida. E a psicologia é ótima para criar essa "esperança de perspectiva".

Recebo inúmeros casos encaminhados por escolas que, em lugar de expulsar o aluno, dão *ultimatum* à família: "procurar ajuda psicológica". E muitos desses casos estão se agüentando nas escolas, apesar de não apresentarem grandes mudanças no comportamento. *Sentido de perspectiva*: "está em tratamento".

Se o menino puder ser contido numa escola, a mãe poderá trabalhar e sem a odiosa dependência econômica das migalhas que o pai deixa, talvez ela consiga tirá-lo um pouco da cabeça. E encontrar outros interesses, um "terceiro" na mente, o que reverteria todo o círculo vicioso.

Qual é mesmo o nome do santo protetor dos psis?

Dividido entre a dúvida de ter arranjado apenas mais uma forma de "empurroterapia" (no meu íntimo, sei que não, pois estou "assumindo junto"), e a alegria de ter encontrado solução mais criativa do que a *"psiquiatria-burra"* ("dou remédio ou indico psicoterapia") que tanto me persegue, vou à sala de espera e chamo o próximo novo.

Decididamente, os deuses protetores me abandonaram. Sou atingido no famoso calcanhar. É um jovem homossexual explícito. Maquiado, cheio de trejeitos rebolados, me mede e me come da cabeça aos pés.

"Tinha que calhar justo para mim, tinha!"

Carcamano grosseiro e rude que sou, cheio de conceitos e de preconceitos – homem é homem; mulher é mulher – que não sei o que é isso de "opção sexual", nem de outras modernidades!

Sei, sim, atender, e até com boa empatia, compreensão e respeito, conflitos sexuais, inclusive homossexuais, mantidos na cabeça como conflitos intrapsíquicos. Mas não sei atender conflitos psíquicos que foram "resolvidos" por atuação. Vivendo o conflito na realidade, ele desaparece da cabeça, e aí não sei o que fazer, dado que sou apenas um trabalhador psi, que trabalha com o que as pessoas têm dentro da cabeça.

A queixa deste paciente é desse gênero, conflito com o mundo externo, não com a própria sexualidade. Veio porque "está desesperado". Descobriu que seu companheiro lhe é infiel. Tem outra "menina" (sic). Diz que *"pensou em se matar"*. Não me assusto nem me comovo. *"Ele gosta demais de si mesmo para fazer isso. Senão, não estaria flertando comigo e me revirando os olhos"*, maldosamente esta idéia me vem à cabeça.

Procuro não pensar nas dificuldades pessoais que estou tendo com o aqui, agora, *"contigo"* e me concentrar apenas nos aspectos psicológicos. (*"Faz de conta que é enurese"*, aprendi num escrito, também do di Loreto).

Raciocino: ao fim e ao cabo, ele teve uma perda. Perdeu algo de bom que tinha na mente. É um episódio depressivo. Proponho, pois, medicação antidepressiva leve.

Negativo. Fuma maconha e se injeta cocaína. Em decorrência, consome toda a farmacopéia psi conhecida. *Pra dormir, pra acordar, pra se manter acordado, pra combater a tristeza, pra defender o direito de ser triste, etc...etc.*

Nesse momento e pela primeira vez, dou-me conta que tenho em frente, não um "bicha", mas alguém que sofre e tem conflitos, e que os atua na realidade porque a cabeça não agüentou contê-los e implodiu.

Lógico, me deprimo feio, ao perceber que o atendimento que estou fazendo beira ao escárnio. Disfarço um pouco até me recompor e vê-lo como "paciente" e não como "bicha".

Mas continuo não sabendo o que fazer com ele. Não me ocorre nenhuma idéia criativa, como ocorreu no caso anterior. Só me ocorre fazer uma safadeza com o Setor de Psicologia, isto é, pedir testes psicológicos. A racionalização é "conhecer a estrutura de personalidade".

A verdade é que preciso dar ao caso algum destino. Destino em que ele se sinta levado em consideração, e que me deixe por fora de seu atendimento. Não sei, não posso e não quero atendê-lo eu mesmo. Tenho minhas limitações e vou respeitá-las. Não posso fazer da minha nobre profissão clínica, uma disfarçada prostituição: *"traço qualquer um"*.

Cheio de remorsos, encaminho-o ao Setor de Psicologia.

Tenho meia hora para mais um caso novo e dois retornos.

Sei que os retornos não serão problema. Estou ficando experiente e aprendendo a "temperar" os atendimentos. Em meio aos casos novos, onde não sei o que virá (e quase sempre vêm grandes dramas), coloco dois-três casos conhecidos, geralmente os que tiveram boa evolução. Necessitam vir periodicamente apenas para se reassegurarem que *"o Dr. está lá, disponível"*, e para *"abençoar"* os comprimidos que tomam. Mais nada.

Funcionam como velhos amigos. Não se incomodam de esperar, não fazem cara feia. São pacientes gratos. São minha área de refresco e de manobra.

O último novo é um deficiente mental visível, na cara. O paciente, de 30 anos, tem rompantes agressivos. Inesperados. O que amedronta as pessoas da casa. Ninguém o aceita desde que começou a andar. Onde vai, dá vexame. Não tem amigos. Vem com a mãe, que quer interná-lo a todo custo.

A mãe é pessoa de boa cultura. Sente-se que tem vergonha do filho e que a vergonha transformou-se em ódio. Escuto o rosário de acusações. Há muito já não é mais mãe; é promotora. O paciente, esse, nem me olha; se finge de morto.

Depois de um tempo razoável, interrompo. Procuro não enganá-la: digo que eu e o Serviço não temos recursos para atender casos de deficiência mental. Não tenho nada a oferecer, pois medicação ele já toma, e não vou internar um caso como esse, senão teria que internar em hospital psiquiátrico 1/4 da humanidade.

Irrita-se, diz que "paga aposentadoria" há 20 anos e tem "direitos".

Quanto mais tento argumentar, mais se desespera. Sente-se injustiçada. Não quer escutar nada; quer internar o filho. Também ela vai "dar parte".

Por fim, meio amedrontado, meio condoído, assino uma guia de internação por tempo curto (que não tenho dúvida, ela se encarregará de transformar em longo.)

Enquanto preencho a guia de internação, vem-me à cabeça que os ambulatórios *psis* estão colocados de cabeça prá baixo (ou de pernas pro ar).

Quem habitualmente faz a "porta" psi, isto é, os primeiros atendimentos, são os clínicos mais novos no serviço, mais jovens e menos experientes. Ora, para ter idéias e soluções mais criativas, é preciso ter muitos quilômetros rodados. "Fazer a porta" tem a nobreza do pênalti no futebol. Nelson Rodrigues diz que "deveria ser batido pelo presidente do clube". A "porta" deveria ser feita pelos chefes do serviço e pelos clínicos experientes.

É o momento das decisões duras, das "comunicações dolorosas". E de triagem. Triagem significa julgamento. Escolhas. Decisões. Implica ter coragem. Peito. Que eu não

242 Oswaldo di Loreto

tenho. Nem poderia ter. Atualmente, com seis anos de experiência, começo a perceber-me com alguma capacidade para "fazer a porta".

Quando era residente e fazia meus rodízios de Clínica Médica, Clínica Cirúrgica, Clínica Pediátrica etc...a triagem era feita pelos "cobras criadas". Eu, "minhoca", acompanhava, ajudava e aprendia. Era sabido e admitido que eu não tinha nem conhecimento nem experiência para tomar decisões difíceis. Em clínica psi (psiquiátrica, psicológica) isto é sabido, mas não admitido. Funciona-se pela *ignorância negada*. Tudo se passa como se eu fosse eficiente e capaz.

A dinâmica da *ignorância negada* traz, entre outras, a decorrência de não proteger o jovem trabalhador psi. Que mantém todas as ignorâncias adquiridas nas faculdades.

Todos sabemos que se quisermos diminuir a enganação na área psi, cada Serviço tem que funcionar como uma pós-graduação, como uma residência, e preparar seus próprios jovens.

Desde que me formei venho disfarçando minha ignorância. Resultado: em vez de fazer verdadeira triagem, acabo botando para dentro quase todos os casos, e fica aquela confusão.

Isto acontece comigo, que fiz uma ótima faculdade. Fico com mais pena ainda dos meus jovens colegas, psiquiatras e psicólogos clínicos, que fizeram uma das muitas pobres faculdades que estão por aí.

Mas esse bem-estar relativo de me sentir *menos pior* que outros em nada me consola. Tenho desprezo por ele. Fui criado no realismo absoluto de meu pai, que me lembrava a todo momento:

"Filho, em terra de cego, quem tem um olho... é caolho!"

Sinto-me mal, *pero no mucho*, de não ter conseguido "peitar" essa poderosa mãe.

Como eu já antecipara, os retornos não foram problema. Perceberam que eu estava atrasado e deixaram os dois dedos de prosa para uma outra consulta. Um deles chegou ao requinte de fingir que era ele que estava apressado para eu não me sentir constrangido com minha pressa. Renovaram a receita e se foram sem receber "a benção" dos comprimidos. Gratos. Pacientes gratos ajudam (e muito) a controlar os constantes sentimentos depressivos que tenho na minha profissão.

Saio correndo. No outro emprego me esperam mais doze casos.

Já no carro, me pilho inquieto e ansioso. Não necessito de muita introspecção para perceber que esse mal-estar está ligado ao atendimento do rapaz homossexual.

– *"É muito suspeita essa tua dificuldade em lidar com pacientes homossexuais 'assumidos'. Deves ser bicha enrustida!"*, os perseguidores atacam com toda força.

– *"Vou aumentar minhas sessões de análise"*, tento negociar com eles. Mas hoje eles estão inexoráveis.

– *"Não me venhas com essas mentirosas idealizações!*

– Te esquecestes tão rápido da advertência do di Loreto sobre o que acontece a quem idealiza? – Onde arranjar tempo? E grana? Já tens os ambulatórios, os plantões, o Grupo de Estudos, o Movimento de Lutas, os filho$, a e$cola do$ filho$, os aluguéi$, a$ dua$ se$$$ões de análie, a $upervi$ões etc... etc – Cadê tempo, cadê grana!"

– "Nunca reparastes que peixes e jovens psis morrem pela boca?"

Os leitores compreendem, pois, que minhas dificuldades com a homossexualidade vão ficar como estão. Vou apenas continuar fugindo delas.

Dialogando, ora com os poderosos perseguidores, ora com as frágeis defesas, nem me apercebo que já cheguei ao ambulatório da tarde.

Esse trabalho é minha desgraça. Não sei porque fico nele. (*– "Além de bicha enrustido, devo ser um tremendo de um masoco"*. Só pode ser isso).

Fica pra lá do fim do mundo (eufemisticamente "periferia"). Não tenho nenhum recurso auxiliar. Só eu e Deus (mas substituíram Deus por um pediatra, um clínico geral e um ginecologista).

Não vou me alongar na descrição desse ambulatório porque todos os leitores do ramo conhecem as pragas que as atraentes mas enganosas modernidades neoliberais trouxeram para o trabalho clínico: as empresas médicas. Que prostituíram tudo. A começar por nós, clínicos.

Casos & Causos acontecidos No Tempo das Diligências

É o exemplo vivo e acabado de tudo o que não deveria acontecer na medicina e nas profissões clínicas de modo geral.

O ginecologista, **Dr. Fokyú**, é o dono, o empresário. Empresário mesmo. Nunca o ouvi dizer uma frase sobre assuntos médicos. Seu linguajar é feito de expressões tão clínicas como *prejuízo, investimentos, aplicações, custo-benefício*.

Como já disse, é ginecologista. Mas, pelo modo abrutalhado e apressado com que trata as pacientes deve ter ódio de trabalhar *"onde os outros homens se divertem"*.

Quando comecei aqui, tive um arranca-rabo feio com ele. Queria que eu atendesse *"quantos pacientes viessem"*.

Disse-lhe que não faria isso e que procurasse outro psiquiatra. Argumentou com um discurso demagógico e racionalizado sobre *"o direito que cada cidadão tem a um atendimento médico"*. É um safado, mesmo.

(*Como é que vou conseguir que esse poço de insensibilidade entenda que não é só uma questão de número. A questão é a quantidade de sofrimento humano que um clínico é capaz de conter. De entrar em contato sem ficar insensível como ele.*)

Assisti pessoalmente (*com estes olhos que a terra ainda vai demorar pra comer...*) um exemplo prático extremado desse cinismo defensivo.

Um pediatra, conhecido meu, trabalhando num desses horríveis Postos de Atendimento "da periferia", tinha um mundo de crianças para atender cada manhã. Impossível atender

(atender mesmo) cada paciente. Então, dividia as crianças em dois grandes grupos sintomáticos: *o da tosse, pra esquerda, e o da diarréia, pra direita!* Medicava os sintomas em grupo (na verdade, no atacado), e me piscava um olhinho esperto: *"É fácil".*

Não era nenhum monstro humano. Defendia-se e se deformava.

Ao custo de muitas brigas, consegui limitar a doze, os atendimentos nas quatro horas.

Aceitou, mas não "aceitou" a limitação, pois não perde oportunidade de me jogar na cara os prejuízos que está tendo com minhas "exigências". Só posso concluir que é um gênio e um mago das finanças. Porque, somando todos os prejuízos que lhe damos, eu e os outros médicos, seus empregados, já abriu três novos ambulatórios e um hospital psiquiátrico.

Mas, não houve jeito de arrancar-lhe os atendimentos com hora marcada. Usa a grande arma dos safados, a projeção. Me respondeu que *"esse tipo de clientela não vai entender e aceitar isso".*

Assim sendo, quando chego, à uma hora da tarde, já encontro a sala de espera entupida de gente cansada, irritada e com fome. Que estão me aguardando há horas. Para elas, estou sempre atrasado. Como atendo também crianças, elas estão insuportáveis. Nunca sei se a agitação agressiva delas vem da doença ou é um saudável protesto.

Minha salvação é a atendente. Experiente, organizada e organizadora, eficiente, suave e firme, com pouquíssimo palavrório bota uma ordem toda sua nos atendimentos. Associa vários critérios: gravidade, urgência, grau de desespero, etc. E até manda passear e voltar mais tarde os que estão muito reivindicadores. Sempre acerta.

Não sei onde arranja, mas tem sempre uns pirulitos para as crianças muito inconsoláveis. Não sei o que seria de mim sem a Sra. Sweetheart.

Logo que chego, me passa a dica que é para atender primeiro o caso de uma mãe com uma criança *"que está agitando a sala de espera"*.

Sigo a dica.

Trata-se de um caso com sintomatologia estranha, diferente. Nunca vi, nem li nada parecido. (*É verdade que não sou "tão lido" assim*, reconheço).

É um menino de pouco menos de sete anos e que toma litros e litros de água e faz, naturalmente, litros e litros de xixi. Nem preciso esperar pela hora de exame do garoto. Tão logo a mãe me conta seu sintoma principal, vai até a garrafa d'água que tenho ao lado da escrivaninha, e toma toda ela. E pede mais. E toma mais. Tomaria quanta água eu lhe permitisse. Fica com um barrigão imenso, que exibe com visível prazer. A cena vista ao vivo e a cores é engraçada. Não é à toa que *"a sala de espera estava agitada"*.

Digo à mãe que seu filho deve ter alguma forma de diabete. Negativo. Mostra-me uma série de exames, repetidos, birrepetidos e trirrepetidos, que demonstram que o filho não tem, nem diabete melitus, nem diabete insípido. (*"O que será então isso, meu Deus?"* espanto-me baixinho.)

Apesar dos onze casos que me esperam, picado pela curiosidade, inicio uma investigação mais demorada que propicie chances compreensivas.

A mãe é pessoa lúcida e inteligente, e como todo mundo por aqui, (menos eu) tem pequeníssimos recursos econômicos. Mas é "sacativa" e, praticamente, me passa o diagnóstico compreensivo.

Abandonada pelo pai da criança pouco após o nascimento do filho, ficou entre a cruz e a caldeirinha: ou morriam todos de fome, ou saía pra trabalhar, abandonando o filho. (*Abandono, abandono, abandono*, é a palavra que mais ouço).

Conseguiu "uma meninota" para cuidar do filho na sua ausência. O bebê chorava muito. Por ensaio e erro, descobriu que o filho se acalmava com mamadeiras de água com açúcar, dadas nos intervalos das mamadeiras de leite. Para a "meninota" que ficava com ele o dia inteiro, a mamadeira de água foi **"a"** descoberta, a chave do segredo. Oferecia essas mamadeiras o tempo todo. Pouco a pouco, o bebê foi se afeiçoando às mamadeiras de água e passou a preferi-las a qualquer outra coisa. Mais tarde, a mãe, preocupada, jogou fora todas as mamadeiras. O filho passou a tomar água no copo. Com o crescimento e a independização, não mais solicita, serve-se. Não troca a água por nada. Não troca por presentes, promessas, afagos, broncas ou surras. Por nada mesmo.

Recentemente a mãe ouviu falar que neste ambulatório tinha um médico que atendia "crianças com problemas emocionais". (*É pobre, mas é inteligente, esta rica mulher,* me encanto).

Como se vê, ela praticamente ditou a compreensão psicodinâmica do caso. Só não soube botar nome bonito: "objeto transicional". A mamadeira de água passou a ser a reconfortante representação da mãe ausente. É seu objeto amoroso. Agora, mais crescido, fatura também um certo ganho secundário com o Ibope que dá com suas exibições. Mas o ganho secundário tem... importância secundária.

Este garoto necessita de cuidados psicológicos muito além do que é possível neste ambulatório. Vou descolar um colega que se interesse pelo caso. O que não será difícil, pois este paciente tem a boa sorte de despertar um certo "interesse científico".

(*Preciso também xeretear se Winnicott atendeu e publicou algum caso de relação transicional com objeto tão esquisito assim.* Fantasio com "tornar-me Autor".)

Sweetheart separou outro prontuário na pilha à parte. Sinal de atendimento mais cuidadoso. Como Sweetheart não erra, é esse que chamo em seguida.

250 — Oswaldo di Loreto

Quadro psicótico reativo em início, num paciente jovem. Não pirou de todo, mas está a caminho. Não consegue dormir e em vigília vive "sobressaltado". Quando consegue cochilar, logo acorda assustado, sempre pelo mesmo sonho: *olhos severos que o fitam acusadores*. Tem *medo de tudo*. Aprendi com a prática clínica que *medo de tudo* é o sintoma característico de ansiedade desagregadora em último grau. (*Vai pirar logo, logo*, me assusto.)

Conta sua história. Triste, e muito freqüente.

É originário de uma pequena cidade do nordeste. Infância miserável na roça. Seu pai é uma fera. Criou-se com um acompanhante permanente, o medo do pai. Tornou-se um medroso crônico. É nordestino, mas não é um forte.

Há um ano estão em "Sumpaulo". Bateram, ele e o pai, de porta em porta procurando emprego. Sem nenhuma qualificação, não encontraram. Só não passam fome, literalmente, porque a mãe lava roupa "para fora", e faz faxina em prédios. Há alguns meses, finalmente, foi aceito como vigilante noturno de um galpão, depósito de mercadorias.

Puseram-lhe no corpo um uniforme (que o faz sentir-se importante) e na mão um revólver (do qual morre de medo). Irônica maldade do destino: um medroso achar emprego de corajoso.

"Doze por trinta e seis". Este é seu regime de trabalho. De oito da noite às oito da manhã. Noite sim, noite não. E sozinho. Doze horas de pânico permanente. Já está interpretando

ruídos e sombras. Vê e ouve "assaltantes". (*E sonha com olhos-pai,* aproveito para dar minha sacadinha psicodinâmica.)

Não consigo descobrir o que possa fazer efetivamente por ele. Vou pelo óbvio. Ponho no ar a sugestão de que "deixe esse emprego". Responde-me que *"aí o pai me mata"*. Viciado em psicologias, demoro um século para entender que ele tem mais medo do pai real do que do pai interno.

(*"Sai do óbvio, infeliz"*, me ordeno). Inutilmente. Continuo no mata-burro. Apesar da dinâmica evidente, só posso ir pelo caminho mais à mão, os fármacos. Pergunto a ele se quer "um calmante". Responde-me: *"só se não der sono"*. Idiota, retruco que ele me procurou "exatamente" porque não consegue dormir. Pacientemente, me explica porque *"não pode dormir"*. Espalhados pelo galpão-depósito há um mundo de relógios-de-ponto que ele deve "picar" em horários pré-estabelecidos. Se ele dormir, não "pica", os relógios acusam e o "capataz" vai saber. E perde o emprego. E *"aí o pai me mata"*.

(*Gastei à toa meu pouco latim psicodinâmico. Os olhos sonhados eram apenas os relógios.* E me prometo que na próxima serei menos mecânico e estereotipado.)

Mas, nos seus neurônios está gravado a ferro e fogo: *Sono, o grande inimigo!* Comé que faz pra desgravar?

Fico olhando pra ele e me perguntando, puto da vida: *O que é que esse cara está fazendo na Psiquiatria? Que recursos eu tenho para ajudá-lo?*

Para atendê-lo de forma eficiente eu teria que possuir, ao menos um, entre dois recursos:

1) algum produto que eliminasse o medo dos medrosos, ou

2) recursos para arranjar empregos apropriados para meus pacientes. (Por exemplo, empregos apropriados para pacientes medrosos).

Desculpem, mas novamente tenho que me socorrer dos leitores.

Sei que os leitores do ramo, mesmo os mais experientes e criativos, não contam com fórmulas secretas que operam maravilhas, como dissolver medo. Também não possuem agências de psico-empregos.

– Então, o que é que os leitores do ramo fazem?

A pergunta é honesta. Informativa. Para eu aprender.

Porque eu, pessoalmente, não faço nada. Ao menos, nada eficiente.

A única coisa que acontece, é que minha cabeça implode. Em pedaços. E cada pedaço fica com uma associação de idéias, uma fantasia absurda e aleatória (não eficiente) em relação à tarefa que devo cumprir.

Neste caso aqui, minha cabeça implodiu em quatro pedaços.

O primeiro pedaço toma uma decisão inexorável:

– Vou fazer psiquiatria em Viena! Lá os pacientes são cultos, ricos e ociosos. Como os pacientes psicológicos que se prezam devem ser! Com ociosos, é possível marcar sessões às dez horas da manhã e às três da tarde! Com pacientes ignorantes, paupérrimos e perseguidos pelo relógio-de-ponto, psicologia não dá pé!

CASOS & CAUSOS ACONTECIDOS NO TEMPO DAS DILIGÊNCIAS 253

O segundo estilhaço põe-se a resmungar com a indústria farmacêutica: *inventaram tantos remédios; só não inventaram os únicos dois que eu realmente necessito. Só não inventaram a **egotonina** e a **superegolisina**.*

Os leitores já imaginaram atender este caso (ou aquele primeiro da manhã), armados de comprimidos que inflam o ego. Combinados com os que dissolvem o superego!!!

E se não for pedir demais, bem que a indústria farmacêutica psi poderia quebrar o galho do garoto "capeta". Com alguns comprimidos de *odiolisina*.

(Nem ouso fantasiar com a felicidade do dia em que a indústria farmacêutica conseguir sintetizar a mais necessária das psicolisinas, a que dissolve invejas.)

Já imaginaram como seria o meu (e o seu) dia de trabalho?!

O terceiro "caco" da mente fica com associações românticas. Lembro-me que já li este paciente em Gonçalves Dias. Vestido de penas, cocar, arco e flecha, nos versos épicos do Juca-Pirama. Lembram-se do pai que supõe o filho covarde: *"Tu choraste em presença da morte?"*

Também Kurosawa já me mostrara este paciente em coloridos quimonos de samurai covarde. Matando-se, no indigno e interminável *hara-kiri* do punhal **de bambu**. Imposto pelo pai.

Agora está ele aqui em versão sem-glória e suburbana. Severino cova-rasa. Seus únicos crimes: ser pobre e ter um *pai-patrão*. Que lhe partiu a espinha da mente e agora, maldosamente, exige que seja ereto.

O último pedaço da mente vai para o passado. Familiar. Vai para meu pai.

Ele tinha um jeito felicíssimo de definir impotência. Impotência absoluta, irremediável. Já era idoso, mas não se conformava com suas incapacidades sexuais. Ficava putíssimo e, por vezes, chegava a usar o recurso dos desesperados: ridicularizar-se a si mesmo. Raivoso e inconformado, me perguntava:

— *Sabe como é a vida sexual de um casal de velhos?*

— *???*

— *Culo con culo, e buona notte.*

Assim eu me sinto frente a este paciente. *Culo con culo.* A imagem perfeita da inoperância.

E o que é que eu digo pra ele? *Buona notte*?

Bem que eu queria.

Ocorre-me pedir ajuda a um dos grandes santos protetores: São Placebo. Entro na sua ambigüidade e lhe digo que *"tenho uns poderosos comprimidos, ótimos para dormir, mas que não dão sono!!!"*.

(Na verdade, o santo é outro. É São Winnicott. Ele sacou melhor que ninguém que *as coisas psicológicas se passam no espaço da ambigüidade, no espaço transicional*.)

Receito-lhe comprimidos de um hipnótico de criança, pouco mais que água-com-açúcar, porém, com bula ultraconvincente. Agradece e vai saindo.

Mas, para trabalhar no nível incrivelmente inteligente de Winnicott é preciso ter o que (ainda?) não tenho: competência. E por isso, tropeço na gravata. Me vem um medo absurdo da minha própria prescrição. Assustado, chamo-o de volta e, recomendo-lhe insistentemente que só tome os comprimidos, *"logo depois de sair do plantão, quando tem 36 horas antes da próxima noite de trabalho."*

(*Meu Deus, fiquei louco de vez: passei a acreditar que aqueles comprimidos são poderosos! Estou sentindo em mim o medo que o paciente tem de dormir e perder o emprego!* Agora sou eu quem, com essas identificações, precisa de proteção celestial. Das grandes. *São Sigismundo! protegei os jovens psis!*)

Esforço-me por rir desta última "sangria", mas só consigo um esgar amarelado. Tenho que reconhecer que "não estou de confiança" e que a única coisa saudável a fazer é terminar rapidinho.

Vou olhar a pilha de fichas. Todos são conhecidos retornos. Felizmente.

Renovo os comprimidos de vários psicóticos crônicos e alguns *borders*, sem "abençoar" os comprimidos. ("Abençoar" = receitar comprimidos acompanhados de um dedal de prosa).

Mesmo sendo um médico relativamente jovem, eu atendo muito – todos os dias atendo vinte casos. Aprendi um maravilhoso segredo comigo mesmo, ou melhor, com esta grande experiência que adquiro com tantos atendimentos todos os dias.

Refiro-me à diferença diametral que vai entre simplesmente entregar uma receita a um paciente, ou levar dois dedos de prosa sobre ele, sobre remédio e a relação com sua moléstia.

É a esta última postura clínica que eu chamei "abençoar" os comprimidos.

Anotem aí os leitores ainda muito jovens: comprimidos "abençoados" têm razoável boa ação em 50-60% mais pacientes, do que os "não-abençoados"!

(Certamente os leitores do ramo já perceberam a diferença de efeito e eficiência, entre um comprimido acompanhado de dois dedais de prosa – abençoados –, e os comprimidos simplesmente. Daí minha preocupação em não os ter "abençoado").

Os restantes são drogados. De todas as naturezas. Drogados pelo álcool, drogados pelo *crack*, drogados pelo medo da vida, drogados pelo ódio, drogados por invejas legítimas e ilegítimas.

Bem que eu poderia copiar o pediatra que dividia os pacientes em dois grandes grupos. Todas as pessoas que atendo, ou pertencem ao grupo dos *"A vida inteira que podia ter sido e que não foi"*, de Manuel Bandeira; ou ao grupo: *"Tudo o que podia não ter acontecido, mas aconteceu"*, do Di Loreto.

PNEUMOTÓRAX

Febre, hemoptise, dispnéia e suores noturnos.
A vida inteira que podia ter sido e que não foi.
Tosse, tosse, tosse.

Mandou chamar o médico:
– Diga trinta e três.
– Trinta e três ... trinta e três ... trinta e três ...
– Respire.

....

– O senhor tem uma escavação no pulmão esquerdo e o
{e o pulmão direito infiltrado.
– Então, doutor, não é possível tentar o pneumotórax?
– Não. A única coisa a fazer é tocar um tango argentino.

PSICO-PNEUMOTÓRAX

Angústia, delírio, ansiedade e terrores noturnos.
Tudo o que podia não ter acontecido, mas aconteceu.
Medo, medo, medo.

Procurou o analista:
— Com quantos anos o senhor ficou impotente?
— Trinta e três.
— Associe livremente.

— O senhor tem desejos de possuir sua mãe, e medo
{do complexo de castração.
— Então, doutor, não é possível tentar a psicanálise?
— Não. A única coisa a fazer é entrar no Exército de Salvação.

Hoje não quero mais ouvir dramas humanos. Em qualquer dessas duas versões.

Interno os pacientes que me pediram internação e aqueles que suas famílias pediram. Isto é, interno todos. Habitualmente, interno só os que estão em estado grave de saúde física ou os que estão "aprontando", como espancar mulher e filhos.

Termino as rápidas anotações nas fichas e começo a me arrumar pra ir embora mais cedo.

Hoje o patrão não vai se importar. Ele, que é dono também do hospital, vive dizendo que eu, de propósito, não interno quase ninguém, pra que seu hospital vá à falência. O que é uma rigorosa verdade, enquanto ele não melhorar (e muito) o lixo de hospital que tem.

Mas hoje dei-lhe uma colher de chá.

Estou guardando meus trecos quando entra Sweetheart: *"O senhor atende um caso extra?"*

Caso extra. Um tormento aqui deste ambulatório. Do qual Sweetheart tenta me proteger todos os dias.

Não existindo na região nenhum Pronto-Atendimento Psi, as urgências aparecem como *"casos extras"*.

Santa Sweetheart vela por mim: só deixa passar o que julga verdadeiras urgências. E não erra.

Ainda assim, arrisco dizer que "hoje não".

Mas ela, do alto do seu *feeling* de 30 anos de janela (tem olho clínico muito melhor que o meu) me passa a dica, que é uma ordem: *"Ele* (o paciente extra) *tem cara de grave"*.

Troco as pilhas e vou a seu encontro.

Tem "cara grave" mesmo. Introspectivo, vincado, as rugas do rosto se juntaram tanto que fizeram uma só. Não tem "jeito" de psicótico. Bem ao contrário.

À medida que o observo melhor, ocorre-me a palavra certa. Tem cara de *determinado*. Fica um tempão em silêncio e imóvel. O respeito que ele me determina é religioso. Depois de muito tempo, fala com voz firme, também determinada:

– *Qual o remédio mais forte que o senhor tem?*

– *Forte pra quê?*

– *Pra segurar a gente por dentro!*

– *O que é que o senhor quer segurar dentro?*

– *Raiva! Ódio assassino!*

E me conta sua história. Tem 41 anos. É metalúrgico numa grande siderúrgica da região. Há alguns meses trocaram o capataz. *"O antigo era duro, mas justo. Castigava quem merecia. Nunca precisou levantar a voz comigo. Em mais de vinte anos, nunca perdi um dia de serviço, nem cheguei um minuto atrasado"*.

Vejo que é um cabra brioso, orgulhoso e absolutamente íntegro. Justiça – injustiça é o pilar que sustêm sua mente. Vê a si mesmo e ao mundo por essa ótica. É nordestino e, antes de tudo, é um forte.

Agora me descreve o novo capataz. A descrição é a de um perverso. Sabe despertar medo e gosta disso. Tem *"la psychologie du rôle"*. *"Distribui castigo a torto e a direito, sem justiça. E humilha. Isto eu não agüento; ser humilhado"*.

A relação com o capataz o atinge no pilar central. Vem agüentando injustiças há meses. A raiva acumulando, acumulando, acumulando. Hoje atingiu o insuportável. Sabe que vai matá-lo. Chora por si, antecipado. Entende claramente que vai "estragar" sua vida. Anos e anos numa penitenciária. Mas não pode fazer nada: *"ser humilhado, não agüento"*.

Hoje pela manhã, quando o capataz estava humilhando um seu amigo, pegou uma marreta e foi em direção a ele. Chegou mesmo a saborear o alívio de *"acabar com todo este inferno dentro"*. Um segundo antes do ato concreto, controlou-se e saiu da fábrica. Perambulou sem destino, usando o melhor neurolético que possui: a lembrança da mulher e dos filhos.

Não conseguiu diluir o ódio. Sabe *(e agora todos sabem)* que vai matar o capataz amanhã. Ou ser morto por ele. Quando for repreendido e humilhado por seu gesto de hoje.

Perto do fim da tarde ocorreu-lhe a idéia. *De amarrar-se por dentro.*

A mente dos terráqueos é a coisa mais estúpida que existe na face da Terra. Ao menos a minha é. Sabem o que me passa pela cabeça neste exato segundo? Isto: *Em matéria de **"crônica de uma morte anunciada"**, o Santiago do Garcia Márquez é mero aprendiz. Meu metalúrgico é muito melhor.*

Mas, fique tranqüilo o leitor, porque, apesar das fantasias intrometidas, correspondi sim, a seu pedido de amarrar-se. Por dentro. Dei nó em todos os seus neurônios. O meu medo ainda se encarregou de multiplicar seu pedido por 2. Ou por 5. Talvez por 10.

Ainda no ambulatório, apliquei-lhe doses intramusculares de neuroléticos e hipnóticos suficientes para derrubar dois hipopótamos.

Mas não consigo me acalmar. Sei o que aquele tamanho de ódio faz. Vi hoje de manhã o que o ódio acumulado faz com o garoto "agressivo" e "sem parada". Ele também toma doses hipopotâmicas de neuroléticos. Dorme algumas horas e volta pior.

– *"Se o metalúrgico conseguir se levantar e for ao trabalho* ("nunca perdeu um dia de serviço"), *ainda mais meio dopado, a única coisa que terei conseguido é que ele, em vez de matar, seja morto".*

Mais tarde, no carro, os medos e as inseguranças atingem o auge. Têm a forma de um festival de *"será que?"*

Será que a mulher dele consegue arranjar uma enfermeira para aplicar-lhe as doses da madrugada?

Será que não deveria ter internado ele, mesmo contra sua expressa vontade? E mesmo contra minha expressa convicção, não deveria ter privilegiado a segurança acima de tudo?

Como os leitores do ramo, vivi toda a ambivalência. Num momento decidia que sim. No minuto seguinte, que não. As projeções, introjeções e identificações comem soltas: a segurança do paciente é também a minha. E minha tranqüilização.

Tive muita vontade de interná-lo, mas não o fiz. Decidi corrermos o risco, ele e eu. Por um motivo: *interná-lo em hospital psiquiátrico seria transformar um ser trágico num maluco. Um ser humano íntegro, num "pinel". Num "goiaba". O que iria, não amarrá-lo, mas matá-lo por dentro! De vergonha e humilhação!*

– *Será que Sweetheart vai conseguir entregar em tempo o relatório que escrevi para o médico da fábrica, pedindo-lhe que conceda licença médica imediata para meu paciente?*

– *Será que? Será que?*

Vou pelo congestionado trânsito do fim da tarde, com a cabeça pipocando de tanto *"será que"*.

Mas, pouco a pouco, minha cabeça começa a fazer as pazes com ela mesma. Literalmente, "vejo" os mecanismos de defesa atuando. Estou angustiado com meu trabalho clínico, mas, contraditoriamente, só me vêm à mente situações clínicas jocosas e hilariantes.

Consigo sorrir um pouco quando lembro do caso que uma colega, também psi, me contou:

Entra pelo seu consultório, uma senhora trazendo a filha de dez anos. *"Trouxe ela pra tratamento, Doutora. Sei o que tem de errado com ela. Eu já fiz psicanálise, e sei que ela "**sofre de amor de Édipo!**"*

Sorrio um pouco mais, quando me recordo de uma colega que tenho num Grupo de Estudos que freqüento. Muito ignorante, mas muito metida, vive se queixando: *"Só eu falo aqui no grupo; ninguém me responde. Ninguém me dá '**back-ground'!"*.

Já estou rindo abertamente quando me lembro de um colega contando sobre uma nova paciente que recebeu no consultório, e que se queixa que seu marido lhe é infiel: *"Sou uma mulher traída, sou uma mulher '**adulterada'!"**

A mente dos terráqueos é a coisa mais estúpida, mas é também a máquina mais maravilhosamente auto-regulada do mundo.

Já mais recomposto, chego ao consultório. Atrasado. Meu único paciente particular *"esperou um pouco e foi-se embora"*, informa o porteiro do prédio.

(*Já não sei mais se quero ir pra Viena. Os clientes particulares são cultos, ricos e ociosos, mas exigentes. Muito exigentes.*)

Resolvo também não ir ao encontro com o grupo das lutas anti-manicomiais. O *superegão* não deixa. Também pudera! Depois de internar num só dia sete pessoas em manicômios, o que é que eu iria fazer no encontro de lutas *anti-manicomiais???*

"Vou é pra casa, ficar um pouco com minha mulher e brincar gostosa e pacificamente com meus filhos", decido.

Na Rubem Berta, agora nada gentil, voltam os *"será que?"* Mas já deu tempo de as defesas funcionarem. Mais calmo, vou pensando sobre meu trabalho em particular e filosofando sobre minha profissão em geral.

"Vou deixar o ambulatório da tarde. É só o consultório melhorar um pouco, e deixo. Aquilo é uma bomba-relógio. Sem retaguarda, sozinho, e sendo eu pouco experiente, trabalhar naquele ambulatório é pior do que **'ir em festa de tarado sem calcinhas'"**.

No entanto, amanhã, quando vou saber que o caso do metalúrgico que queria se amarrar por dentro foi resolvido de forma linda e humana, sei que a decisão vai balançar.

Querem saber como terminou o caso dele?

Depois que eu saí, Sweetheart "descolou" uma amiga que trabalham num Pronto-Socorro Municipal das redondezas, que "descolaram" uma ambulância. Levaram o metalúrgico adormecido para casa. Ela foi junto, levando os remédios, o aparelho de pressão e tudo o mais. Passou a noite na casa dele, vigiando, cuidando e medicando.

Mora no bairro há muitos anos. É conhecida e respeitada, inclusive por pessoas da hierarquia média da siderúrgica. Falou com eles. Vão mudar meu metalúrgico de turno, portanto de capataz. Levou meu relatório ao médico da fábrica, que lhe concedeu duas semanas de licença. Tudo ambíguo e transicional. Não "entregou" nem o paciente, nem o capataz.

(Se algum leitor estiver interessado num curso prático de Winnicott, talvez consiga que ela aceite estagiários. Desde que tenham vocação pra "assumir junto").

Quando, na tarde do dia seguinte, fui com a atendente visitar e examinar o metalúrgico em sua casa, ele estava muito "grogue", mas era visível que o "irresistível impulso" já tinha passado. É a vantagem de não se ter maldade que vem de dentro. Só reativa.

Mas só vou saber de tudo isto amanhã. Por agora, estou no carro filosofando sobre a estranha profissão que escolhi. E que está me deixando esquizofrênico.

Tem horas em que me sinto o cara mais importante e necessário do mundo. Vontade até de dizer a todas as pessoas que encontro: *"Tenham muito respeito por mim; sou um clínico, e psi!"* Nessas horas também acho que deveria ser muito respeitado e até ganhar bons salários.

(*"Afinal, quem se dispõe a carregar com todo sofrimento do mundo, merece algum alívio no seu próprio"*, começo a pechinchar, mas logo paro, quando, envergonhado, me lembro das cifras escritas no meu "holerite".)

266   Oswaldo di Loreto

Tem outras horas em que me vejo como a mais completa inutilidade. Mais dispensável que comentarista esportivo na TV (os caras que querem me explicar a jogada que acabei de assistir!!!).

E aí me vem uma vontade danada de mudar de profissão e de ir trabalhar com as coisas boas da vida. *Vou abrir uma pastelaria. Melhor, uma floricultura. Melhor ainda: uma sorveteria! Melhor, melhor, melhor ainda: vou-me embora, junto com Manuel Bandeira.*

Vou-me embora pra Pasárgada
Lá sou amigo do rei
Lá tem a mulher que eu quero
Na cama que escolherei
Vou-me embora pra Pasárgada
Vou-me embora pra Pasárgada
Aqui eu não sou feliz
Lá a existência é uma aventura
De tal modo inconseqüente
Que Joana a Louca da Espanha
Rainha e falsa demente
Vem a ser contraparente
Da nora que nunca tive
E como farei ginástica
Andarei de bicicleta
Montarei em burro brabo
Subirei no pau-de-sebo

Tomarei banhos de mar!
E quando estiver cansado
Deito na beira do rio
Mando chamar a mãe-d'água
Pra me contar as histórias
Que no tempo de eu menino
Rosa vinha me contar
Vou-me embora pra Pasárgada

Em Pasárgada tem tudo
É outra civilização
Tem um processo seguro
De impedir a concepção
Tem telefone automático
Tem alcalóide à vontade
Tem prostitutas bonitas
Para a gente namorar

E quando eu estiver mais triste
Mas triste de não ter jeito
Quando de noite me der
Vontade de me matar
– Lá sou amigo do rei –
Terei a mulher que eu quero
Na cama que escolherei
Vou-me embora pra Pasárgada

Mas, pensando bem, tolice essa vontade "de não ter jeito" que me dá às vezes de pastelarias, floriculturas e sorveterias. Não tenho competência para isso. Vocacionado e viciado em me identificar com os interesses do paciente, portanto, do "Outro", (como qualquer clínico que se preze se identifica) acabaria dando sorvetes e pastéis pra toda molecada do bairro. E flores para as donzelas.

E à Pasárgada, vou sempre que desejo. Eu e meu primeiro paciente de hoje, somos bons de fantasia. Ou, como dizia Millôr Fernandes, quando lhe perguntavam:

Como vai a vida?, respondia: *De casa para o trabalho; do trabalho para casa e fantasiando o resto.*

Na verdade, a única coisa que pedirei aos deuses é que, senão nesta, ao menos na próxima "enca(de)rnação" – como diz minha inspirada filha Cristiane: – eu volte numa profissão eficiente.

Não precisa ser tão eficiente como a Fisioterapia. Que em duas semanas limpa os pulmões de um velho encatarrado. E, em seis meses, realizam o milagre, que antes dos fisioterapeutas, só se atribuía a Cristo: fazer andar os paralíticos!!! Só um pouco mais eficiente.

Na verdade, sei que não há nada errado, nem comigo, nem com a minha profissão.

Como acabo de dizer, o único defeito da minha profissão é que ela é pouco eficiente. Isso há que reconhecer. Quase nada da fabulosa quantidade de *conhecimentos* acumulados, transformaram-se em *ferramentas* úteis para a prática.

Mas o mundo convive bem com muita coisa pouco eficiente, isto também há que reconhecer.

Jogadores de futebol são pouco eficientes. Inúmeras partidas terminam zero a zero. Com sessões de 90 minutos e atuando em equipes multi-multidisciplinares. Também, se eu errasse um décimo do que erram os "bandeirinhas", o Conselho Regional de Medicina há séculos já teria cassado meu diploma.

Não se trata, pois, de questões de eficiência. A grande questão é que a clínica psi não serve para tratar de registros mentais *reais e corretos da realidade*. Aí não há o que *"tratar"*. A clínica psi trata de enganos da mente. De pessoas que se sentem miseráveis, sem o serem. Se forem, não cabem na psicologia, muito menos na psiquiatria.

Das 19 pessoas que atendi hoje, quase todas eram miseráveis concretamente. Quase não havia o que *"tratar"*. Não é de estranhar que até a pequena eficiência corra pro ralo.

Mais calmo e controlado, o espelhinho retrovisor até me devolve "um certo sorriso" quando me ocorre um trocadilho. Sobre esta questão das profissões psi não servirem para tratar dos registros reais, apenas dos enganos da mente.

Como qualquer trocadilho que se preza, este também, é vocacionado para infame. Ainda mais em mistura de língua de gringo. Mas, lá vai: A clínica psi serve para tratar da *"invidia del pene"*. Não serve para tratar da *"invidia del pane"*.

No entanto, eu atendo muito mais *inveja do pão*, do que *inveja do pênis*.

Já estou quase chegando em casa. A chuva no capô quente faz fumaçinhas. Vem-me à cabeça, pela última vez, o velho supervisor. *"Se é que ele tem razão* (e quanto mais caio na real, mais me parece que tem), *e é verdade que **adoecemos da mesma doença que tratamos**, quem resolveu carregar com todo sofrimento do mundo, só pode mesmo escolher entre ficar louco ou tornar-se cínico-insensível.*

Olho para dentro de mim, e procuro descobrir minha verdadeira verdade.

Nem é muito difícil; venho procurando-a aos pouquinhos, no varejo, há seis anos. Sei que em matéria clínica não gosto de enganação. Pega mal. E nem é por méritos éticos e morais. Sei disso muito bem. Em inúmeras outras áreas, vejo em mim umas boas desonestidades. É por uma questão estética. Não é belo. E não tem grandeza enganar doentes. Eles próprios nos pedem para serem enganados. Ignorantes dos motivos do próprio sofrimento e dos caminhos do alívio, são crédulos e vulneráveis.

Belo é enganar o incrédulo e invulnerável turco "do" lojinha. Mas este...quem há de?

"Já fiz minha escolha: não quero nada com o cinismo. Aceito a loucura. Orgulhosamente."

Vou até compondo o *lema anticinismo* que há de me guiar pelos longos anos clínicos que terei pela frente.

Alucinando um pouco, consigo ver seus dizeres:

*"**Se o estupro é inevitável, contrai o esfíncter e luta!"***

Enquanto vou dirigindo devagar, minha cabeça trabalha acelerada. A mil. Tomo consciência límpida de que estou vivendo a época das minhas grandes definições profissionais. Até agora, estive tão perdido, tão inseguro, afundado numa espécie de felicidade – infelicidade trazida pela ignorância, que só estive reagindo. Agindo, quase nada. Mas estes anos serviram para eu conhecer, e bem, o que significa, doutrinária e praticamente, minha escolha profissional. O que significa ser um clínico psi.

À medida que vou superando minhas ignorâncias, inexperiências e inabilidades puramente pessoais, vou conhecendo melhor as insuficiências e limitações gerais, supra-individuais, inerentes aos recursos da minha profissão. Insuficiências que Freud, Moreno, Melanie, Winnicott, Rogers e Skinner (todos juntos), não superariam. Principalmente se vivessem no Brasil de hoje. E trabalhassem num ambulatório do Serviço Público.

Começa a ficar mais claro do que nunca, que tenho uma profissão desarmada. Só tenho a mim mesmo para oferecer. E nem eu inteiro; somente meu subjetivismo.

Tenho, portanto, que aprender a ter coragem para escolher bem a quem oferecer meu único benefício: meu subjetivismo.

Feitas as pazes com minha profissão, não poderia deixar de me vir à cabeça suas virtudes.

Oh! Irônica dialética: são virtudes que saem de suas pobrezas.

Quantos desafios à nossa inteligência criativa são gerados por ser ela tão desarmada! *Tirar o máximo e o melhor apenas de si mesmo!*

Em um dia somente, vivi tantos desafios!

Assim tranquilizado-racionalizado, chego em casa e abro a porta "do merecido repouso". Minha mulher, de plantão atrás dela, só esperando eu chegar:

– *"Tem goteira na sala. Molhou todo o sofá novo. Por falar em sofá novo, o turco da loja telefonou reclamando que as prestações estão atrasadas. E tem multa, juros e correção monetária! E as crianças estão insuportáveis. Dá um jeito nelas!"*

Que remédio! Vou ao quarto delas.

– *Paiê, o Celso cortou minha saia.*

– *Mentira. A Dena é que me deu um soco.*

– *Paiê, a Gica pegou minha bola.*

– *Mentira. A Cri é que puxou meu cabelo.*

Curto um tempo "este paraíso sem conflitos". Mas, em seguida, devo me esforçar para ser eficiente numa coisa que, *felizmente!, ninguém é eficiente*: colocar as crianças cedo na cama. Para não chegar atrasado, amanhã.

Vivo atormentado com a possibilidade de atrasos no meu bom trabalho de amanhã cedo. Bom trabalho, que será o início de mais um dia de clínico psi.

Como o de hoje, perfeitamente cotidiano.

ÚLTIMA CONFIDÊNCIA

(Um pouco da história íntima do que foi a edição
destas Diligências)

OS LEITORES QUE ME conhecem pessoalmente sabem que sou um depressivo grave. Meu ego suporta, no máximo, um Gol 2002 (porém, modelo 2003). Depressivo grave, não no sentido clínico do termo. Não sou triste. Sim, no sentido dinâmico. Melhor ainda: no sentido kleiniano, o que quer dizer:

Sou realista, só me arrisco se antes souber que vai dar Freud-a-favor. Morro de medo de aventuras e improvisos. Jamais sentei e jamais sentarei numa mesa de jogo. Contar com a sorte – ou com a lei das probabilidades – nem pensar.

Não dou ponto sem nó, nem passo maior que a perna. E, além destes, sigo religiosamente todos os outros refrões conservadores. O povão diz que sou "afinado".

Para o feijão-com-arroz da labuta simples e diária, meu pouco-arrojo é suficiente. E como conheço bem o tamanho da minha perna, vou levando sem riscos, sem tropeços e sem grandiosidades.

276 Oswaldo di Loreto

O diabo são as situações tensas, inesperadas, desconhecidas, em que é necessário confiar no próprio taco. Não tenho esta confiança e, quando me toca vivê-las, me perco inteiro e aí percebo que só tenho um único número no meu arsenal de recursos da córtex: reações catastróficas.

Foi o que aconteceu com a edição do meu primeiro livro. Já tinha 72 anos de idade, e era neófito editorial. Nunca havia publicado uma linha. Livro, então, nem pensar mesmo!

À medida que se aproximava o dia do lançamento, a catástrofe mental batia cada vez mais firme. Lógico que me convenci que levaria a Casa do Psicólogo à falência. Acalmei-me quando soube que eles, previdentes, iriam imprimir a primeira edição com somente 500 exemplares.

– *"Psicólogos, esses da Casa do Psicólogo!"*

Para mal das desgraças, encasquetei que deveria dar a este primeiro livro um título escalafobético, que 80% dos leitores do ramo psicológico nem sabiam o que queria dizer. E 50% nunca sequer o tinham ouvido. Mas encasquetei que *"livro científico tem que ter título sem concessões"*. *"E, principalmente, deve afastar leitores leigos"*. Contra tudo e contra todos os sensatos, bati o pé, e ele acabou vendo a luz com o título escalafobético: *Psicopatogênese*.

(Mas, não pensem os leitores que vou deixar as coisas assim. Não é justo. É um bom livro. Contém 50 anos de cuidadosas pesquisas sobre as causas que levam à construção de mentes alteradas Vou preparar nova edição, atualizada, ampliada e com nome aceitável: Algo como: *De onde vêm as doenças da mente?*

(Que é sinônimo exato de Psicopatogênese. Dito em português, não em grego).

Já não tenho muito sono, próximo ao lançamento, aí é que não dormia mesmo. Quando cochilava, vinham os sonhos crus, diretos, sem disfarces oníricos. Terror puro.

Depois veio a realidade, o livro teve média aceitação, e vi que poderia ter economizado este horror. Mas aí já era tarde. Como diz o povão: Inês é Marta.

Não sei qual foi a traquinagem do inconsciente, mas, no segundo livro, (*Posições Tardias – Contribuição ao estudo do segundo ano de vida*), não antecipei catástrofes. Sem insônia e sem sonhos de terror.

A dureza está sendo este terceiro. A sensação (irracional) de catástrofe, voltou toda.

– *"Desta vez, nem os psicológicos psicólogos da Casa do Psicólogo escapam!* – *"Não há psicologia que me resista! Levo-a para o psico-brejo. Mesmo!*

Depressivo que se preza, não dá folga: está sempre voltando tudo contra si mesmo.

– *"Livro de ciência ainda vai, mas literatura! Contos sobre velharias! Um médico!!! Vê se te toca, seu!"*

– *"Vou pedir que façam a primeira edição só com 200 livros. É mais ou menos o número de alunos e ex-alunos*

com quem ainda mantenho contato pessoal. Venda certa!
O que sobrar, vendo de porta em porta, pronto!!!"

Estava eu, neste sábado ensolarado, feriado, 15 de Novembro, dia da República – não sei por que não é o da Depressão? – saído da hemodiálise do Sírio Libanês, antecipando catástrofes editoriais e me atormentando feio.

Não poderia ficar mais perseguido do que estava. Implodiria.

Há quatro meses (desde que decidi editar as Diligências), *a idéia* do livro ficou sendo a minha perseguidora. Leia-se: minhas inseguranças me perseguiam!

Mas acontece que, depressivos, têm bons mecanismos de defesa.

E eles começaram a agir. Quase só por ação onírica.

Compreende-se que seja assim. Eu não me punha a olhar o horizonte e *"fazer força na cabeça"* para acionar os mecanismos defensivos. Lógico que ele se dispararam automaticamente. As correções se fazem pelo "piloto automático" (que é um bom nome para o trabalho inconsciente). Os leitores conseguem imaginar sopa maior para o piloto **"automático"** do que os sonhos?

(Estão vendo que não sou freudiano "de caderneta", gratuitamente).

Acreditem amigos leitores, eu **"sonhava"** os mecanismos agindo. E, pela manhã, estava um pouco menos inseguro. E até com alguma idéia criativa.

Os mecanismos próprios da mente adoram as contradições. Podem funcionar quer como defesa quer como ataque (de si mesmo). Pois bem, depois de me atacar tanto, o trabalho inconsciente acabou sendo eficaz, e eles passaram a ser o que, em princípio, deveriam ser: mecanismos de defesa de meu ego.

Deixaram de fabricar perseguidores. E daí para frente sonho cada sonho lindo!...

Digerida a ansiedade paranóide (quem disse que as coisas são estanques, e depressivo não tem ansiedade paranóide?), passei a gostar do meu livro. Pior: tomei-me de amores por ele. E como todo bom apaixonado só vejo qualidades e virtudes no objeto de tanto amor.

Das virtudes, penso que posso reivindicar ao menos uma: o bom fechamento dos contos.

Todos os contistas estão de acordo: o ponto doloroso de um conto é o fechamento. Num conto é difícil surpreender o leitor. Num grande número deles, os leitores já desconfiaram do final na metade do enredo.

Reinvidico que meus contos são bem fechados; os leitores não antecipam o final. E, em boa parte deles, só o percebem nas últimas duas linhas.

Fiquei tão encantado com meus Casos e com meus Causos, que pedi ao Vicente que confeccionasse um delírio: uma fita, envolvendo a capa, prevendo os milhões de exemplares que, por merecimento, serão vendidos.

Aconteceu também outra coisa maravilhosa. Ocorreu que "maternalizaram-se" meus sentimentos em relação ao livro.

Eu queria estar com ele a toda hora, manipulando, cuidando, folheando, relendo, ou apenas contemplando. Igualzinho às mães que passaram nove meses esperando um filho que temem seja defeituoso, aterrorizadas pelas próprias fantasias. Imaginem o tamanho do alívio, ao constatarem que:

— *"Ele é perfeitinho!"* — *"tem todos os dedinhos!"*

Quem está pagando a fatura destes meus progressos são meus super-plus-ultra amigos Vicente Nogueira e Luciana Gentilezza. Eles estão produzindo o livro, edição, capa (um achado, não, leitor?) e ilustrações incluídas. Telefono a toda hora para eles. Uso de todos os pretextos para estar um pouco mais com meu livro.

O Vicente, hoje bem-dotado psicoterapeuta, foi, na juventude, jornalista. Mas, jornalista desses de antigamente, do tempo das diligências: fazia o jornal inteiro (só não sabia fazer jererê). Agora, tem todo o prazer do mundo em produzir os livros da mulher, Luciana Gentilezza, e os deste amigo aqui. Já produziu meus dois primeiros: capricha agora neste terceiro.

Descobriu coisas incríveis!

Depois que achou a expressão inglesa para *diligência* – *stagecoach* – descobriu mais de 50 ilustrações sobre o velho veículo dos faroestes americanos. Uma melhor que a outra! E o que ele não descobriu, Luciana, exímia pintora, pinta – ou desenha. Os leitores viram vários deles, precedendo cada Diligência.

Já contei que descobriu a ilustração da capa. Pois, saibam os leitores que: não é fotografia! É pintura. Um quadro de uma diligência, numa planíce, ao anoitecer. O interior da carruagem aparece iluminado por uma vela. Detalhe de efeito precioso. Obra de altíssima qualidade: está no Amon Carter Museum, Fort Worth, Texas, sob a curadoria da Galeria Nacional do Congresso Americano, onde só aceitam de Picasso para cima.

Por favor, leitores: voltem à 4ª Diligencia, *De quando – e como – quase, quase fiquei famoso*, e olhem as minúcias.

Vejam que Vicente não só achou este magnífico painel da cerimônia de entrega do Nobel, como também me colocou na capa da *time*. E fez a Academia Nobel norueguesa outorgar magnífico Diploma ao Dr. Oswald von di Loreto. (Só não me conseguiu as 5.000.000 de coroas norueguesas. Mas, vá lá! Nem tudo é perfeito!)

Vicente se superou. Achou ilustrações gráficas do jererê. **Do jererê!** Os leitores viram.

Porém, o golpe de mestre, mesmo, acima de qualquer genialidade, foi ter encontrado os tipos gráficos usados nos cartazes dos velhos faroestes. Aqueles cartazes que diziam:

**PROCURADO
VIVO ou MORTO
e altas RECOMPENSAS em US$**

Sou dos últimos sáuros na face da Terra. Não tenho nenhuma das modernidades tecnológicas. Que deixam a vida mais apressada, melhor nunca vi.

Quem leu a 13ª Diligência, aquela que conta como meu pai enxergava longe, ficou sabendo o que acho, até do telefone.

Por tudo isto, faço jus a uma certa felicidade conquistada, que renovo todos os dias, a felicidade de não ter Internet.

(Não quero zilhões de informações a aniquilar minha criação).

E sendo eu, também, um felizardo sem-terra, sem-chácara, sem-praia e, principalmente sem-NET, posso me socorrer de um ótimo pretexto para estar um pouco mais com o livro: levar pessoalmente ao Vicente correções nas concordâncias, ou alguma alteração nas regências.

Estou lá praticamente todas as noites, conferindo e melhorando meu livro página por página.

Volto para casa sempre aliviado:

– *"Ele é perfeitinho! Tem todos os capítulos!"*

Apesar de eu não falar sobre outra coisa que não seja o livro, jamais me fizeram sentir intruso ou inconveniente.

O tamanho da paciência que estão tendo com meu surto maternal dá a medida exata do tamanho da amizade.

Outros que estão pagando boa fatura são meus supervisionandos atuais. Há quatro meses me agüentam, me agüentam, me agüentam só falando, falando e falando *do quê?*

Temo que estejam muito perto de me fazer entender que:

– *di Loreto; Você está insuportável!!!*

Já que estamos nas confidências, que venham inteiras.

Não possuindo – nem desejando possuir –qualquer modernidade tecnológica, eu compunha as primeiras dez-doze Diligências em manuscritos (que, hoje, dou de presente aos alunos).

Como os leitores sabem, a inspiração literária de escritores amadores é igual à Ava Gardner: temperamental!

Ora ela aparecia no almoço (e onde mais eu poderia redigir a idéia a não ser no guardanapo?). E quem consegue impedir Ava Gardner de voltar justo no intervalo entre duas consultas? E lá iam as anotações para os receituários. Nada raro, as idéias surgirem enquanto dirigia meu Gol. O que fazer a não ser parar o trânsito da Rubem Berta por alguns segundos, mas redigir o miolo da idéia, antes que a esquecesse. Cheguei a ficar cínico, de tanto fingir que não me incomodava com o festival de buzinas (e com as homenagens a dona Marianna).

Não será difícil aos leitores imaginar o resultado de todo este *imbroglio* que eu produzia: nenhuma continuidade nas partes despedaçadas, nenhuma seqüência um mínimo compreensível.

Na verdade, mais parecia exposição de artesanato índio: flecha pra todo lado. (→ continua na página 18 (verso) do receituário → que continua no guardanapo do Camelo → que continua ...). Uma loucura!

Agora anotem, por favor, amigos leitores:

Jamais estas *Diligências* seriam publicadas – sequer preservadas – se minha caçula Mariane não tivesse encarado a heróica e amorosa tarefa de procurar os pedaços, achá-los nos lugares mais estranhos, juntá-los, estabelecer as impossíveis seqüências, decifrar os hieróglifos, ora egípcios ora sumérios, traduzi-los para português "castiço e nobre", e batê-los no seu computador.

Nem Freud! Só amor de filha, explica!

As *Diligências* estão encerradas. Que pena! Perdi o melhor emprego que tive nos últimos anos.

Felizmente restam duas pequenas deliciosas tarefas que me permitirão a pechincha de estar um pouco mais com os leitores.

A primeira pode, legitimamente, ser chamada de:

Um título composto a seis mãos!

Estão lembrados da 7ª Diligência, aquela que conta três historinhas da vida cotidiana?

Na segunda história, que se passa há 60 anos, relato sobre os sete amigos que nos reuníamos para matar palavras cruzadas e "contar mentiras".

Muitas décadas depois, três amigos (Otelo Rigato, Auro Lescher e este nada humilde escriba), reeditamos os encontros, agora chamados de: "para atualizar as mentiras".

A cada vinte, trinta dias nos reunimos e garantimos nossa amizade eterna: não guardamos mentiras velhas.

Nem preciso dizer que foram eles meus principais confidentes em toda a preparação da edição. E, episódio maravilhoso! Compusemos o título a seis mãos.

Num dos encontros, chego todo alegrinho com os originais prontos, acabados.

Os dois me perguntam: *Como vai se chamar?*

Digo que pensei em: *Um médico conta casos e causos.*

Otelo sabiamente aconselha: *"Restritivos, como 'médicos', pegam mal!"*

Auro, então, conclui: *"Por que não,* 'Casos e Causos?' "

A segunda e última deliciosa tarefa é agradecer aos dois amigos e colegas, Nilde Parada Franch e Auro Lescher, terem aceito serem patronos das *Diligências.*

Nenhum dos dois necessita apresentação. Mas, só para não dizer que não falei de flores:

Nilde é das psicanalistas notáveis. Adoro suas publicações – poucas; que pena! – e seu estilo "Che Guevara" de ser analista: firme, *sin perder la ternura jamás!*

Auro é diretor do Projeto Quixote, ligado à Escola Paulista de Medicina.

Um projeto que deu certo, numa área onde a regra é a baixa eficiência: tentar resgatar jovens da marginalidade social, das drogas e do crime.

Com pouquíssimo dinheiro, fazem milagres. Aliás, o projeto QXT circula no mesmo comprimento de onda de Jesus Cristo. Este multiplicou pão e vinho. Os trabalhadores do projeto Quixote multiplicam eficiência.

Um dos meus orgulhos (dos grandes) é ser supervisor desta equipe.

Auro também "comete" seus contos. Um dia leremos suas "Diligências".

Para compor sua última produção (a que está na "orelha" destas *Diligências*), Auro foi buscar – e bem que achou – saborosa inspiração neste poema do paranaense Paulo Leminski:

Um bom poema

leva anos

cinco jogando bola,

mais cinco estudando sânscrito,

seis carregando pedra

nove namorando a vizinha,

sete levando porrada,

quatro andando sozinho,

três mudando de cidade,

dez trocando de assunto,

uma eternidade, eu e você,

caminhando junto

Mas, atenção:

As estrofes 5 e 6 do poema do **Auro**, que dizem:
13 acreditando nas bruxas
(mas que elas não existem, não existem),
ficariam incompreensíveis sem um esclarecimento:
Estas estrofes 5 e 6 – "da orelha"–, referem-se a uma
antiga convicção que eu e Auro compartilhamos:
O conhecido ditado espanhol: *"Yo no creo en
brujarias, pero que las hay, las hay"*, deve ser
invertido. Só invertendo-o, ele ficará mais parecido

com o que nós, seres humanos, somos de verdade. Invertendo-o, ele descreverá a necessidade do homem de produzir e acreditar em algo mágico que preencha o medo do desconhecido.

"Yo creo en brujarias, pero que no las hay, no las hay!"

Um abraço (bem gostoso)

di,
Nilde,
Auro,
Otelo,
Vicente,
Luciana,
e, em tempo, Gizela